KB267722

고전툰

고전툰

강일우·김경윤·송원석 지음

펀타클

왜 고전룬인가?

　　AI 시대 우리는 빠르게 변화하는 세상 속에 살고 있습니다. 기술은 급속도로 발전하고, 사회도 시시각각 새로운 모습으로 변해갑니다. 하지만 문명의 큰 변화 속에서도 인간의 고민과 갈등, 욕망과 희망은 놀랄 만큼 비슷한 모습으로 되풀이됩니다.

　　그동안의 청소년 대상 교양도서들은 대부분 친절하고 쉽게 읽히는 모습을 하고 있습니다. 필요한 지식을 청소년의 눈높이에 맞게 풀어쓰고, 이해를 돕기 위해 그림과 설명 자료들이 덧붙여져 있습니다. 그 덕분에 많은 청소년들이 쉽게 인문·사회·과학의 세계에 다가갈 수 있었습니다. 물론 이 책은 청년들이나 성인들에게도 유용할 것입니다.

　　하지만, 우리는 이런 의문이 들었습니다.

　　"AI 시대에 이런 방식의 지식 전달만으로 충분한가?"

　　세상은 빠르게 변하고 있고, 앞으로는 더욱 복잡하고 낯선 현실이

펼쳐질 것입니다. 그 변화 속에서 중요한 것은 지식 자체가 아니라, 변하지 않는 인간의 본성을 이해하는 힘과 세상의 흐름을 꿰뚫어볼 수 있는 통찰력, 그리고 다양한 가치와 관점을 조화롭게 이해하는 지혜이지 않을까요?

고전툰 시리즈는 이런 문제의식에서 출발했습니다. 고전툰은 인간의 변하지 않는 본성과 세상의 흐름을 함께 느끼고, 생각해볼 수 있도록 기획되었습니다. 단순히 유명하다는 이유로 고전을 모으는 데 그치지 않았습니다. 오랜 세월이 지났어도 여전히 울림을 주는 책을, 오늘을 살아가는 청년들에게 진짜로 말을 걸 수 있는 책을 고르고 또 골랐습니다.

고전툰은 지식을 외우라고 강요하거나 가르치려 하지 않습니다. 고전툰을 읽으며 수많은 질문과 다양한 관점들을 따라가다 보면, 어느새 '나'의 생각이 자라고, 타인을 이해하는 마음이 생기고, 사회를 함께 고민하는 감각이 자연스럽게 생겨날 것입니다.

인간이 왜 서로 다투고, 어떻게 공존을 배우며, 어떤 사회를 꿈꿔왔는지를 알게 될 것입니다. 나와 세계를 바라보는 눈은 깊어지고, 세상을 더 낫게 만들고 싶은 마음의 싹이 자라날 겁니다.

한 권의 고전을 네 부분으로 구성했습니다.

히스토리

고전에 쉽게 다가가기 위해서는 그 책이 쓰인 시대 배경과 저자의 삶을 함께 들여다보아야 합니다. 저자가 살았던 시대의 역사적 맥락, 당대의 사회문제, 그것에 대한 저자의 시선과 대응은 무엇이었는지를 살펴보며, 고전이 어떤 문제의식 속에서 쓰였는지를 입체적으로 이해할 수 있게 합니다.

다이제스트

고전은 오랜 시간 많은 사람들의 검증을 거쳐 살아남은 '책 중의 책'입니다. 시대를 넘어 지금까지 읽히는 데에는 충분한 이유가 있습니다. 다이제스트는 고전이 품고 있는 핵심 메시지와 인류가 그 책에서 길어 올렸던 통찰을 간결하게 정리하여 소개합니다.

고전툰

아무리 훌륭한 고전이라도 오늘날의 독자들에게 읽히지 않는다면 그 생명은 멈추게 됩니다. 고전툰은 고전의 핵심 내용을 툰 형식으로 풀어냄으로써, 오늘의 독자들이 고전과 만날 수 있도록 다리를 놓습니다. 흥미롭고 이해하기 쉬운 형식으로 고전의 핵심 내용을 다시 한번 되짚어줍니다.

북토크

고전툰 시리즈를 만들면서 가장 많은 공을 들인 코너입니다. 북토크의 타이틀은 '지혜의 광장'입니다. 고대 아테네의 아고라(광장)는 지혜를 서로 나누고 경합하는 민주주의의 산실이었습니다. '지혜의 광장'은 오랜 시간이 흘러도 여전히 빛나는 책의 저자와 인류 역사의 위대한 지성들이 시대를 초월하여 만나 대화를 나누는 가상의 북토크 무대입니다.

'지혜의 광장'에 등장하는 참여자들의 얘기는 '역사 속 사상가들의 저서와 사상을 충실히 참조하여, 그들의 주장을 오늘날의 독자들이 이해하기 쉽게 재구성한 가상의 목소리'입니다. 따라서 독자들은 '이 인물이 실제로 이렇게 말했다'라고 받아들이기보다는, 그의 사상이 요약·정리된 대화로 이해하면 됩니다.

이러한 형식은 '역사적 인물의 사상을 마음대로 각색하는 것 아니냐'는 우려가 있을 수도 있습니다. 하지만 '지혜의 광장'은 단순한 상상이나 재미에 기대지 않습니다. 각 인물의 발언은 실제 저술과 시대적 맥락을 토대로 구성되었으며, 의미가 왜곡되거나 단순화되지 않도록 세심하게 검토하기 위해 노력했습니다.

'지혜의 광장'은 정확하고 균형 잡힌 시각으로 사상을 전달하고, 서로 다른 생각들이 품위 있게 토론하는 장면을 보여주는 것을 가장 중요한 원칙으로 삼았습니다. 이 공간은 단순히 지식을 주입하는 것이 목적이 아닙니다. 위대한 지성들의 생각을 생생한 대화로 접하며 독자 스스로 질문하고, 생각하며, 토론하는 능력을 키울 수 있는 학습의 장입니다.

고전은 우리 모습을 비출 수 있는 지혜의 거울과 같습니다. 고전을 읽는다는 것은 그 지혜의 거울에 자신의 모습을 비춰보는 것입니다. 모쪼록 고전툰 시리즈가 독자들과 민주시민으로 성장하는 청소년들의 교양과 토론 능력을 키우는 데 큰 도움이 되기를 기대합니다.

강일우 · 김경윤 · 송원석

만약 현재 선진국인 우리나라가 분쟁과 내란으로 국력이 약해진다면 어떨까요? 지도자들이 외세의 힘을 빌려 자국민을 억압하고, 국민을 진정으로 사랑한 지도자를 모함해 죽음으로 몰아간다면 어떨까요? 민주주의가 타락해 정의가 사라지고, 거짓 선동과 여론 조작이 권력자들의 이익을 위해 이용된다면 어떨까요? 이기주의, 가족주의, 지역주의가 나라의 운명을 좌우한다면 우리는 어떻게 해야 할까요?

이런 문제를 누구보다 깊이 고민하며 이상적인 나라의 모습을 그려낸 철학자가 있습니다. 바로 플라톤입니다. 이제 플라톤을 만나보겠습니다.

플라톤 「국가」

정의로운 나라를 만들고 싶다면

플라톤, 당신은 누구?

"철학자가 왕이 되지 않으면, 또는 왕이 진정한 철학자가 되지 않으면, 인간의 불행은 끝나지 않을 것이다."

고대 그리스 철학자 플라톤(Plato, B.C. 428경~347경)의 대표작 『국가』에 나오는 유명한 구절입니다. 그는 이상적인 국가를 꿈꾸며, 그 국가의 통치자는 지혜를 갖춘 철학자여야 한다고 말했습니다. 하지만 이런 사상이 탄생하기까지는 아테네 한 젊은 귀족이 겪은 뼈아픈 좌절과, 스승 소크라테스에 대한 깊은 애정, 그리고 조국 아테네의 몰락에 대한 절망이 있었습니다. 그 이야기를 들어보겠습니다.

B.C. 428년경 플라톤은 아테네의 명문 귀족 가문에서 태어났습니다. 플라톤이라는 이름은 '넓다'는 뜻의 그리스어 '플라투스'에서 나온 것으로, 그의 넓은 어깨나 넓은 이마, 혹은 문장과 웅변의 폭넓음 때문에 붙여진 별명이라고 전해집니다.

플라톤이 태어난 해는 아테네 역사상 가장 찬란했던 페리클레스의 황금기가 막을 내리고, 스파르타와 펠로폰네소스전쟁에 휘말리던 시기였습니다. 아테네 민주정의 전성기를 이끌었던 페리클레스는 '아테네는 그리스의 학교'라고 자랑했고, 실제로 아테네는 지중해 세계의 문화적 중심지였습니다. 파르테논신전이 완공되었고, 소포클레스와 에우리피데스가 디오니소스 극장에서 불멸의 비극을 상연하고 있었습니다. 헤로도토스는 역사를 기록하고 있었고, 히포크라테스는 의학을 발전시키고 있었습니다.

아테네의 아고라(광장)에서 시민들은 정치를 논하고, 철학을 토론하고, 상거래를 했습니다. 소피스트들은 화려한 웅변술로 청중을 사로잡았고, 젊은이들은 그들에게 거액의 수업료를 지불하며 수사학을 배웠습니다.

플라톤은 바로 이런 찬란한 문화의 한복판에서 자랐습니다. 정치적 영향력이 큰 집안의 영향으로 어려서부터 정치가가 되는 것은 당연한 운명으로 여겼습니다.

아테네 시민들이 모여 토론하던 아고라.

하지만 플라톤이 청년이 되었을 때 아테네는 쇠락의 길로 접어들었습니다. B.C. 431년 스파르타와 펠로폰네소스전쟁을 하면서 아테네는 많은 힘을 낭비하였고, 전쟁 중에 일어난 전염병은 인구의 3분의 1을 죽음으로 몰아넣었습니다. 투키디데스는 전염병의 참상을 생생하게 기록했습니다.

'시체들이 신전에 쌓여 있었고, 사람들은 내일 죽을지도 모른다는 생각에 쾌락에만 몰두했다. 법과 도덕은 무너졌고, 경건함은 사라졌다.'

페리클레스마저 이 전염병으로 세상을 떠났습니다.

더욱 심각한 문제는 정치적 혼란이었습니다. 선동가들이 민중을 부추겨 무모한 정책을 추진했고, 유능한 정치가들은 민중의 변덕에 의해 추방당하거나 처형당했습니다. 민주정치는 점점 어리석은 다수가 지배하는 중우정치(衆愚政治)로 변질되어 갔습니다. 플라톤은 이런 혼란을 지켜보며 민주정치에 대한 깊은 회의를 품게 되었습니다.

플라톤은 소크라테스(Socrates)를 만나면서 인생의 전환점을 맞이했습니다. 소크라테스는 당시 아테네에서 가장 유명한 철학자였습니다. 하지만 그는 소피스트들과는 달랐습니다. 돈을 받고 가르치지도 않았고, 화려한 웅변을 늘어놓지도 않았습니다. 오히려 사람들에게 끊임없이 질문을 던졌습니다. 정의란 무엇인가? 용기란 무엇인가? 아름다움이란 무엇인가? 등등.

그런데 소크라테스의 대화법은 독특했습니다. 어떤 개념을 알고 있는 상대방에게 질문을 던지고, 그 질문을 바탕으로 계속해서 논변하는 것입니다. 그래서 결국에는 상대방이 아무것도 모른다는 사실을 깨닫게 만듭니다. 예를 들면, 다음과 같습니다.

"용기란 무엇인가?"

"전쟁에서 도망가지 않는 것입니다."

"그렇다면 전략적 후퇴는 비겁한 것인가?"

"아니요, 그것은 지혜로운 것입니다."

"그렇다면 용기는 단순히 도망가지 않는 것이 아니라 지혜와
관련이 있는 것 같은데?"

"그런 것 같습니다."

"그렇다면 용기란 지혜인가?"

"글쎄요…."

계속해서 질문을 받다 보면 처음에 용기에 대해 확신을 가지
고 있던 사람도 결국 '나는 용기가 무엇인지 모르겠다'고 고백하
고 맙니다. 소크라테스는 이것을 '무지(無知)의 지(知)'라고 불렀습
니다. 자신이 모른다는 것을 아는 것이 진정한 지혜의 시작이라
는 뜻입니다.

플라톤은 소크라테스의 철학적 탐구에 완전히 매료되었습니
다. 소크라테스는 단순히 지식을 전달하는 교사가 아니라, 사람
들의 영혼을 깨우치는 '영혼의 산파'였습니다. 외적인 성공이나
부보다는 영혼의 건강을 중시했습니다.

소크라테스 주변에는 항상 젊은이들이 몰려들었고, 귀족부터
중산층 출신까지 다양한 배경의 제자들이 있었습니다. 그중에서
도 플라톤은 특별했습니다. 소크라테스는 플라톤의 철학적 재
능을 일찍부터 알아보았고, 플라톤 역시 소크라테스를 아버지처
럼 존경했습니다.

청년 시절 플라톤은 소크라테스를 따라다니며 철학의 참맛을 배웠습니다. 그들은 아고라에서, 체육관에서, 연회장에서 철학을 논했습니다. 소크라테스는 어디서든 철학적 대화를 시작할 수 있었습니다. 그는 구두 수선공과 정의에 대해 논하고, 장군과 용기에 대해 토론하고, 시인과 아름다움에 대해 대화했습니다. 플라톤은 이 시기를 인생에서 가장 행복한 시간으로 기억했습니다. 그래서 정치가가 되려던 꿈을 완전히 접고 철학에 몰두했습니다.

하지만 이런 행복한 시간은 오래가지 못했습니다. B.C. 404년 아테네는 마침내 스파르타에게 항복했습니다. 27년간 계속된 펠로폰네소스전쟁은 아테네의 완전한 패배로 끝났습니다. 아테네의 성벽은 파괴되었고, 함대는 12척만 남기고 모두 해체되었습니다. 아테네는 스파르타의 속국이 되었습니다.

더욱 충격적인 것은 정치체제의 변화였습니다. 200여 년간 계속되어온 민주정치가 무너지고 스파르타의 지원을 받은 소수의 권력자들이 지배하는 과두정치(寡頭政治)가 들어선 것입니다. 과두정의 지도자는 플라톤의 친척이었습니다. 권력을 잡은 후 그는 아테네를 정화한다는 명목으로 대대적인 숙청을 시작했습니다. 처음에는 민주파 지도자들과 고발된 사람들을 처형했지만, 점점 그 범위를 넓혀갔습니다. 부유한 외국인들을 처형하고 재산을 몰수했으며, 심지어 자신들에게 반대하는 과두파 인사들까지도 제거했습니다.

다행히 과두정은 곧 무너졌습니다. 새로운 민주정은 과거를 묻지 않는다는 원칙을 세우고, 화해 정책을 표방했습니다. 과두정에 협력했던 사람들도 용서하고, 모든 시민이 화합하여 아테네를 재건하자는 것이었습니다. 하지만 이런 화해 분위기는 오래가지 못했습니다. 민주파 내부에서도 강경파와 온건파가 나뉘었고, 서로 다른 정치적 견해를 가진 세력들 간의 갈등이 계속되었습니다. 더욱 심각한 것은 경제적 어려움이었습니다. 전쟁으로 폐허가 된 아테네를 재건하는 일이 쉽지 않았습니다.

민주파는 총제척 난국에서 벗어나기 위해 희생양을 찾기 시작했습니다. 바로 소크라테스가 그들의 표적이 되었습니다. 그는 직접적으로 과두정에 협력하지는 않았지만, 지도적 인물들이 그의 제자였다는 점이 문제가 되었습니다. 그는 두 가지 죄목으로 고발을 당합니다. 첫째, 국가가 인정하는 신들을 믿지 않고 새로운 신을 도입했다는 불경죄, 둘째, 청년들을 타락시켰다는 교육죄였습니다. 이는 명백히 정치적 보복이었습니다. 소크라테스는 평생 아테네의 전통과 종교를 존중했고, 신들에 대한 경건함을 강조했습니다. 청년 교육에 대한 비난도 억지스러웠습니다. 그는 돈을 받고 가르치지도 않았고, 제자들에게 특정한 사상을 주입하지도 않았습니다.

하지만 당시 아테네 시민들의 감정은 소크라테스에게 우호적이지 않았습니다. 시민들은 그를 궤변가로 조롱했고, 소피스트의 일종으로 여겼습니다. 더욱이 과두정에 참여했던 그의 제자들이 아테네에 큰 해를 끼쳤다는 점도 불리하게 작용했습니다.

500명의 배심원이 참석한 재판에서 소크라테스는 자신을 변호했습니다. 플라톤은 재판을 지켜보며 깊은 충격을 받았습니다. 그가 가장 존경하는 스승이 부당한 재판을 받고 있었기 때문입니다.

소크라테스의 변론은 당당했습니다.

"나는 신이 국가에 붙여둔 쇠파리 같은 존재입니다. 하루 종일, 어디서나 여러분에게 달라붙어 일깨우고, 설득하며, 꾸짖습니다. 만약 나를 죽인다면, 여러분은 다시 깊은 잠에 빠질 것입니다."

"나는 이 사람보다 더 지혜로운 것 같습니다. 우리 둘 다 진정으로 중요한 것을 알지는 못하지만, 그는 알지 못하면서도 안다고 생각하는 반면, 나는 알지 못하면 알지 못한다고 생각합니다. 그러므로 나는 적어도 알지 못하는 것을 안다고 착각하지 않는 만큼 더 지혜로운 것입니다."

소크라테스는 배심원들에게 동정을 구하지 않았습니다. 당시 관례에 따르면 피고는 자신의 가족을 법정에 데려와 눈물로 호소하는 것이 일반적이었습니다. 하지만 그는 "나는 여러분에게 동정심을 구하거나 눈물로 호소하지 않습니다. 나는 법정에서 정의가 무엇인가를 따질 뿐, 동정심에 기대어 판결을 얻으려 하지 않습니다"라고 하며 이를 거부했습니다.

1차 투표 결과는 280대 220으로 유죄가 선고되었습니다. 생각보다 근소한 차이였습니다. 아테네 법에 따르면 유죄가 선고되면 검사가 형량을 제시하고, 피고가 대안을 제시한 후 배심원들이 둘 중 하나를 선택하는 방식이었습니다.

검사 측은 사형을 요구했습니다. 소크라테스는 대안을 제시해야 했습니다. 그의 친구들은 거액의 벌금을 제시하라고 권했지만, 그는 이렇게 말합니다.

"나는 평생 아테네 시민들을 깨우며 선한 삶을 살도록 권유해 왔습니다. 그것이 도시를 위해 가장 유익한 일이었습니다. 그렇다면 내가 받아야 할 것은 벌금이나 추방이 아니라, 오히려 올림픽 승리자에게 주어지는 것처럼 '프리타네이온(도시의 공공식당)'에서 무료로 밥을 대접받는 겁니다."

이러한 발언은 배심원들을 분노하게 만들었습니다. 그가 반성하지 않고 오히려 자신을 영웅으로 여긴다고 생각했기 때문입니다. 친구들의 간청으로 결국 그는 벌금을 대안으로 제시했지만, 이미 때는 늦었습니다. 2차 투표에서 360대 140으로 사형이 확정되었습니다. 1차 투표보다 사형에 찬성하는 표가 80표나 늘어났습니다. 그의 당당한 태도가 오히려 배심원들의 분노를 샀던 것입니다.

소크라테스는 사형선고를 받은 후 30일간 감옥에서 지내야 했습니다. 아테네는 축제 기간에 사형 집행을 금지했기 때문입니다. 플라톤에게 이 30일은 잊을 수 없는 시간이었습니다. 그는 매일 감옥을 찾아가 스승과 대화를 나누었습니다. 소크라테스는 죽음을 앞두고도 평온했습니다. 그는 제자들에게 영혼의 불멸에 대해 이야기하고, 철학자의 삶에 대해 설명했습니다.

친구들은 소크라테스에게 탈옥을 권했습니다. 간수들을 매수할 돈도 준비했고, 도피할 계획도 세웠습니다. 하지만 그는 도주하지 않았고, 이렇게 말하며 죽음을 선택했습니다.

"사람은 결코 불의에 불의로 갚아서는 안 되며, 다른 이가 우리에게 해를 입혔다고 해서 그에게 해를 입혀서도 안 된다. 또한 국법과 맺은 약속은 끝까지 지켜야 하며, 그것이 죽음으로 이어지더라도 마찬가지다."

축제 기간이 끝나고 사형 집행일이 되었습니다. 간수가 독배를 가져왔고, 소크라테스는 평온하게 독배를 받아들었습니다. 독배를 마시기 전에 그는 신에게 기도했습니다.

"신이시여, 이곳에서 저곳으로의 이주가 순조롭게 이루어지기를 빕니다."

그리고 진리를 위해 죽음조차 두려워하지 않고 독배를 단숨에 마셨습니다.

소크라테스의 죽음은 플라톤에게 엄청난 충격을 주었습니다. 그가 사랑했던 아테네 민주정치가 가장 지혜로운 사람을 죽인 것입니다.

소크라테스의 마지막 순간. 플라톤이 스승 소크라테스의 죽음을 바라보는 장면이 담긴 그림(자크 루이 다비드 작).

플라톤은 아테네를 떠나 이집트, 이탈리아, 시칠리아 등으로 10년간 방랑의 길에 올랐습니다. 이는 단순한 여행이 아니라 철학적 탐구의 여정이었습니다.

B.C. 387년경 플라톤은 아테네로 돌아와 서양 최초의 체계적인 철학 학교 아카데미아를 설립합니다. 아카데미아는 단순한 학교가 아니라 진리를 탐구하는 연구 공동체였습니다. 플라톤은 40년간 제자들에게 수학·천문학·음악·철학 등을 가르쳤고, 학생들은 토론과 대화를 통해 배웠습니다. 소크라테스의 대화법이 체계적인 교육 방법으로 발전한 것입니다. 아테네뿐만 아니라 그리스 전역에서, 심지어 이집트와 소아시아에서도 학생들이 찾아왔습니다. 그중에는 나중에 알렉산드로스대왕의 스승이 되는 아리스토텔레스도 있었습니다. 아리스토텔레스는 17세 무렵 아카데미아에 입학하여 20년간 그곳에 머물며 공부했습니다.

바로 이 시기에 플라톤은 『국가』를 저술했습니다. 이 책에서 그는 소크라테스의 죽음으로 상징되는 아테네 민주정치의 타락을 분석하고, 진정한 정의가 실현될 수 있는 이상국가를 설계했습니다. 그는 '철학자가 왕이 되거나, 왕이 철학자가 되지 않는 한 인간의 불행은 끝나지 않을 것'이라고 선언했습니다. 이 책은 스승 소크라테스에 대한 헌사이자, 타락한 현실에 대한 분노의 표현이었으며, 동시에 더 나은 세상에 대한 간절한 꿈이었습니다.

또한 현실의 동굴에 갇힌 인간들이 진리의 태양을 볼 수 있는 길을 제시하고자 했습니다.

B.C. 347년경 81세의 나이로 플라톤은 세상을 떠났습니다. 아카데미아는 그 후 900여 년간 계속되었고, 서구 학문의 전통을 만들어갔습니다. 그의 사상은 서구 문명의 근간이 되었습니다. 그가 동굴의 비유에서 말했듯이, 우리는 모두 어둠 속에서 사슬에 묶여 벽에 비치는 그림자를 현실이라고 믿고 살아가고 있을지도 모릅니다. 하지만 동굴 밖에는 진리가 존재합니다. 사슬을 풀고 그 진리의 태양을 향해 나아가려는 노력을 멈추지 않는 한, 언젠가는 더 밝은 세상을 볼 수 있을 것입니다. 그것이 바로 위대한 철학자가 우리에게 남긴 가장 소중한 진리입니다.

『국가』 핵심 쏙쏙!

플라톤의 『국가』는 소크라테스가 주인공으로 등장하는 대화체 형식의 책으로, 정의란 무엇이며 이상적인 공동체는 어떤 모습이어야 하는지를 탐구합니다. 그는 철학자가 권력을 잡아야 국가가 정의롭게 운영될 수 있고, 철학자 왕을 길러내기 위한 엄격한 교육제도를 강조했습니다. 『국가』는 단순한 정치론을 넘어 인간 본성과 사회제도의 가능성과 한계를 논한 고전으로, 오늘날 민주주의·교육·권력 문제를 성찰하는 데 여전히 중요한 깊은 통찰을 줍니다.

각자 자신의 일을 하는 것이 정의다

먼저 '정의란 무엇인가?'라는 근본적 질문을 던집니다. 소피스

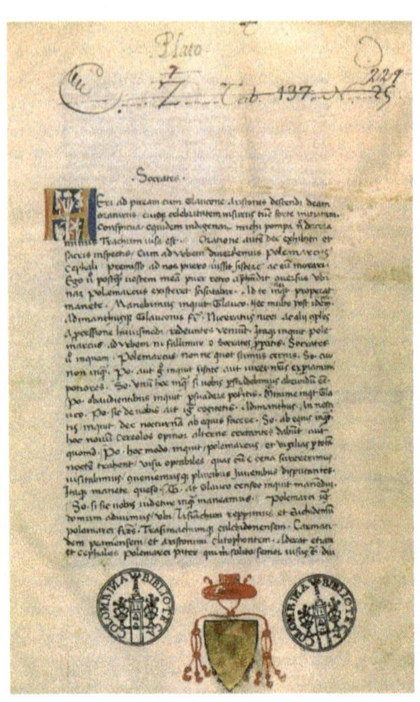

중세 시대 『국가』 라틴어 필사본.

트가 '정의란 강자의 이익'이라고 주장하자, 소크라테스는 이를 반박하며 진정한 정의의 본질을 탐구하기 시작합니다. 개인의 정의를 이해하기 위해 먼저 국가의 정의를 살펴보자고 제안하며, '큰 글씨로 쓰인 것을 먼저 읽고 작은 글씨를 읽는 것이 쉽다'는 논리를 펼칩니다.

그가 제시하는 핵심 원칙은 각자 자신의 일을 하는 것이 정의라는 것입니다. 이상국가는 생산자 계층(농부, 수공업자, 상인), 수호자 계층(군인), 통치자 계층(철학자)으로 구성됩니다. 각 계층이 자신의 역할을 충실히 수행하고 다른 계층의 일에 간섭하지 않을 때 정의가 실현된다는 겁니다.

지혜로운 자가 통치해야 한다

플라톤의 모든 주장은 '누가 통치해야 하는가?'라는 근본적 질문에서 출발합니다. 그는 당시 아테네 민주정치의 타락을 목격하며, 무지한 대중이 현명한 소크라테스를 죽인 현실에 분노했습니다. 그는 지식 없는 통치는 재앙이라고 단언하며, 오직 지혜로운 철학자만이 통치할 자격이 있다고 주장합니다.

"배를 타고 항해할 때 키잡이는 항해술을 아는 사람이 맡아야 하고, 병을 치료할 때는 의술을 아는 의사가 해야 하듯이, 국가를 다스릴 때도 통치술을 아는 사람이 해야 한다."

철학자가 왕이 되어야 한다

이런 인식을 바탕으로 플라톤은 가장 강렬한 선언을 합니다.

"철학자들이 왕이 되거나, 지금의 왕들과 지배자들이 철학을 하지 않는 한, 그리고 권력과 철학이 하나로 합쳐지지 않는 한, 국가들의 고통은 끝나지 않을 것이며, 인류의 불행도 끝나지 않을 것이다."

철학자는 진리를 사랑하는 사람으로, 현실 세계 너머에 있는 이데아의 세계를 인식할 수 있는 존재입니다. 정의의 이데아, 선의 이데아, 아름다움의 이데아 등 완전하고 불변하는 진리의 원형들을 볼 수 있기 때문에, 오직 철학자만이 진정한 정의가 무엇인지 알 수 있다는 것입니다. 하지만 그는 중요한 단서를 덧붙입니다. 진정한 철학자는 통치를 원하지 않으며, 오직 의무감으로 통치한다는 것입니다. 권력을 추구하는 자는 철학자가 아니기 때문입니다.

동굴에서 나와 태양을 보라

플라톤은 '동굴의 비유'를 통해 철학자의 사명을 이야기합니다. 사람들은 태어나면서부터 동굴 속에 갇혀 사슬에 묶여 있고, 고개를 돌리지도 못하고 앞만 볼 수 있어서 벽에 비친 그림자를 실재라고 생각합니다. 그런데 어느 한 사람이 사슬을 풀고 동굴 밖으로 나가 태양을 보며 진짜 세계를 깨닫습니다. 그가 동굴로 돌아와 진실을 말해주지만, 오히려 사람들은 그를 미쳤다고 여기고 무시합니다.

동굴에서 나온 사람은 철학자이고, 다른 사람들에게 오해받고 위험에 빠지는 사람은 소크라테스를 암시합니다. 철학자는 진리를 본 자로서 무지한 대중을 깨우칠 의무가 있지만, 그 과정에서 오해와 박해를 받을 각오도 해야 한다는 겁니다.

50년간의 엘리트 교육을 실시하라

플라톤은 철학자 왕을 키워내기 위한 체계적인 교육과정을 제시합니다. 아이들은 20세까지 시·음악·체육 등 교양을 배웁니다. 20세에 첫 번째 선발된 우수한 학생들은 10년간 수학(산술·기하학·천문학·음향학)을 공부합니다. 30세에 두 번째 선발을 거쳐 선택된 소수는 5년간 철학을 배웁니다. 35세부터 15년간은 실무 경험을 쌓고, 마침내 50세가 되어서야 최고 통치자가 될 자격을 얻습니다.

철학자는 가장 드물고 귀하기 때문에 엄격한 선발과 장기간의 교육이 필요하다고 강조합니다. 또한 통치자와 수호자 계층에게는 사유재산과 가족을 금지하여 사적 이익이 공적 이익과 충돌하는 것을 막아야 한다고 주장합니다.

민주정치는 중우정치로 타락한다

플라톤은 정의로운 국가는 오랫동안 유지되기 어렵다고 합니다. 시간이 지나면서 점차 무질서해지고 더 나쁜 정치체제로 바뀐다는 겁니다.

철인정치(최선) → 명예정치 → 과두정치 → 민주정치 → 참주정치(최악).

철인정치는 철학자들이 다스리는 이상국가이고, 명예정치는 스파르타처럼 군사적 명예와 규율을 중시하는 체제이며, 과두정치는 소수 부유층이 권력을 독점하는 체제입니다. 민주정치는 다수 시민이 평등하게 참여하는 체제이고, 참주정치는 민주정의 혼란 속에서 민중의 환심을 산 선동가가 권력을 장악하여 폭군으로 변한 체제를 말합니다.

플라톤은 특히 민주정치를 신랄하게 비판합니다. 겉보기에는 자유롭고 평등해 보이지만 실제로는 무질서와 방종이 지배하는 체제라는 거지요.

"민주정은 가장 매혹적인 정치체제다. 다양한 얼굴을 지니고 있어, 마치 아름다운 옷을 입은 듯 보인다. 그러나 평등하지 않은 자들에게까지 평등을 나누며 결국 무질서로 흐른다."

그는 민주정치의 가장 큰 위험으로 선동가들의 등장을 지적합니다. 이들은 인민의 욕망을 부추겨 권력을 얻으려 하며, 진리보다는 인기를, 정의보다는 표를 좇습니다. 그 결과 민주정은 자유가 지나치게 확대되면서 방종으로 흐르고, 그 혼란 속에서 강력한 독재자가 등장해 결국 참주정으로 전락할 위험이 있다고 경고했습니다.

예술가보다는 진리를 추구하라

플라톤은 '시인을 이상국가에서 추방해야 한다'는 파격적인 주장을 펼칩니다. 예술은 이데아의 모방인 현실 세계를 다시 흉내 낸 것이므로, 결국 '모방의 모방'에 불과해 진리에서 두 단계나 멀어져 있습니다. 게다가 예술은 감정을 과도하게 자극하여 이성이 영혼을 지배해야 하는 질서를 무너뜨린다고 비판했습니다.

하지만 모든 예술을 부정한 것은 아닙니다. 신을 바르게 찬양하거나 선량한 사람들을 기리는 작품, 교육에 도움이 되는 예술은 허용했습니다. 그가 문제 삼은 것은 예술 자체가 아니라, 영혼을 혼란스럽게 하고 공동체의 도덕적 질서를 해치는 그릇된 예술이었습니다.

영혼의 정의를 실현하라

플라톤은 국가의 정의를 설명한 후 다시 개인의 정의로 시선을 돌립니다. 그는 인간의 영혼을 국가의 구조에 비유하여 이성, 용기, 욕망으로 나눕니다. 개인의 정의는 이성이 지배하고, 용기가 이를 도우며, 욕망이 절제되어 조화를 이루는 상태입니다. 반대로 욕망이 이성을 지배하거나 용기가 이성을 거스르면 불의가 생겨납니다.

그는 나아가 정의롭게 사는 것이 불의하게 사는 것보다 더 행복하다는 것을 논증하려 합니다. 정의로운 영혼은 조화를 이루지만, 불의한 영혼은 분열되어 있다고 강조하며, 철학자가 추구하는 지혜의 기쁨이 감각적 쾌락보다 훨씬 더 진실하고 고귀하다고 말합니다. 이어서 영혼의 불멸과 윤회를 이야기하며, 정의로운 삶이 궁극적으로 더 큰 행복으로 이어진다고 설명합니다.

무지의 동굴에서 벗어나라

내가 지금의
잘못된 국가 체제 대신
이상적인 국가를
구상했단다!

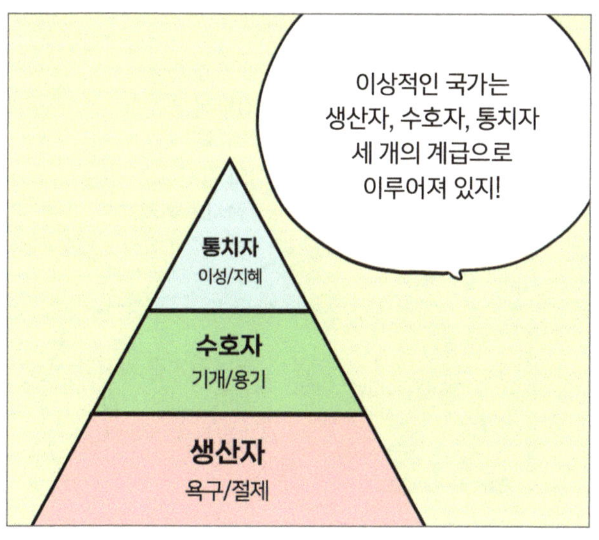

이상적인 국가는
생산자, 수호자, 통치자
세 개의 계급으로
이루어져 있지!
통치자
이성/지혜
수호자
기개/용기
생산자
욕구/절제

생산자는 채소를 수확하고, 빵을 구워 파는 자들! 현실적으로 필요한 것들을 책임진단다.
우리는 사회의 물질적 기반을 공급하지만, 절제를 추구해야 해요!

수호자는 외부적 위협과 내부적 혼란으로부터 사회의 질서를 지키는 전사들이지!
우리는 용기를 가지고 시민들의 안전과 사회질서를 수호한다!

그리고 통치자는
이성으로 무장한 철학자들!
가장 높은 교육을 받은 자들이
진리를 추구하며
지혜롭게 사회를 지도하지!
~~?
~!

이렇게 각자의 자리에서
맡은 일을 해내는 것이
올바른 사회 형태이고
정의라고 할 수 있지!

그런데
철학자들만 통치하면
경제나 과학같은
전문 분야는 어떻게 다뤄요?
큰일 날 것 같은데…

모르는 소리!
지금 사회를 살아가는
사람들은 동굴 벽에 비춰지는
그림자만 보는 원시인들과
같다! 진리를 모르고
살아가지

하지만 진리를 탐구하는
철학자들이 나라를 다스리면,
그림자만 보는 민중을 깨우쳐
동굴 밖의 진리로
유도할 수 있다구!

자 어때?
너도 우리 철학 동아리에
들어와 진리를 탐구하고
사람들을 동굴 밖으로
데리고 나가 보겠나?
처.. 철학도 좋지만
제 수학 점수가
더 급해요!
수학 5

정의로운 국가는 가능한가?

토론자

플라톤 Plato B.C. 428경~347경
밀 John Stuart Mill 1806~1873
홉스 Thomas Hobbes 1588~1679

민주시민의 역량을 키울 수 있는 빛나는 책의 저자를 모시고 인류 역사의 쟁쟁한 지성들과 함께 토론하고 지혜를 나누는 '지혜의 광장'에 오신 것을 환영합니다. 저는 진행자 아고라입니다. 오늘 우리는 서구 정치사상의 출발점이라 할 수 있는 플라톤의 『국가』를 중심으로, '정의란 무엇인가?'에 대해 이야기 나누고자 합니다.

먼저 토론자 두 분을 간단히 소개해드리겠습니다.

현대 자유주의 정치철학의 거장 밀 선생님은 영국의 철학자이자 경제학자로, 『자유론』에서 개인의 자유와 권리를 강력히 옹호했습니다. 또한 한 사회에서 가능한 한 많은 사람이 최대한 행복해지는 것이 옳은 행동이라는 벤담(Jeremy Bentham)의 공리주의를 계승하면서도, 단순한 쾌락이 아니라 질적으로 더 높은 정신적·도덕적 행복을 중시하는 한층 성숙한 공리주의로 발전시켰습니다.

홉스 선생님은 영국의 정치철학자로, 『리바이어던』을 통해 근대적 사회계약론의 기초를 마련했습니다. 인간의 본성은 이기적이고 경쟁적이라, 무질서와 전쟁을 막기 위해서는 강력한 주권자의 권위가 반드시 필요하다고 주장했습니다.

오늘 이 세 분을 한자리에 모신 이유가 있습니다. 플라톤 선생님은 정의로운 국가를 위해 철학자의 지혜가 필요하다고 보았고, 밀 선생님은 자유와 행복을 극대화하는 제도를 강조했으며, 홉스 선생님은 질서와 안전을 위한 강력한 권위를 옹호했습니다. 세 분의 사상은 정의로운 사회의 조건을 서로 다른 시각에서 보여줍니다.

이들의 대화를 통해 우리는 '정의로운 사회란 무엇인가?', '자유와 질서, 행복과 권위는 어떻게 균형을 이룰 수 있는가?'라는 근본적인 문제에 대해 더욱 입체적이고 풍부한 통찰을 얻을 수 있을 것입니다.

1. 누가 통치해야 하는가? - 엘리트 vs 민중

아고라: 최근 우리 사회는 급격한 변화를 겪으며 정의와 공정성에 대한 근본적 질문들과 마주하고 있습니다. 능력주의와 공정성을 둘러싼 논쟁, 교육 불평등과 사회적 이동의 문제, 그리고 누가 사회를 이끌어야 하는가에 대한 고민들이 화두가 되고 있습니다. 이런 시점에서 2400여 년 전 플라톤 선생님이 던진 질문들은 더욱 절실하게 다가옵니다. 선생님은 『국가』에서 철학자가 왕이 되어야 한다는 파격적인 주장을 했습니다. 여기서 첫 질문을 시작하겠습니다.

누가 사회를 이끌어야 하는가? 지식과 지혜를 가진 엘리트인가, 아니면 일반 시민들인가?

먼저 오늘의 주인공이신 플라톤 선생님이 시작해 주시지요.

플라톤: 저의 스승이신 소크라테스처럼 먼저 제가 여러분에게 질문을 하나 던져보겠습니다.

배를 운항할 때 누구에게 맡기겠습니까? 항해술을 모르는 승객들이 결정해야 하겠습니까, 아니면 항해술을 아는 선장에게 맡기겠습니까?

국가 운영도 마찬가지입니다. 정치는 전문적인 기술이고 지식

이 필요한 일입니다. 최근 세계 많은 나라들
에서 일어나는 사회적 혼란을 보십시오. 일반
시민들이 복잡한 경제정책이나 외교 문제를
제대로 판단할 수 있을까요? 감정에 휩쓸려

포퓰리즘 정치인들을 선택하고, 나중에 후회하는 일이 반복되고
있습니다. 진정한 지식과 지혜를 가진 전문가들이 통치해야만 정
의로운 사회가 가능합니다.

아고라: 아주 단호하시네요. 플라톤 선생님, 오늘날에도 전문가
가 옳은 결정을 내렸더라도 대중이 받아들이지 못하면 실행되지
못하는 경우가 많습니다. 철학자가 옳다는 이유로 통치하는 것
이 정말 정의로운가요?『자유론』을 쓰신 밀 선생님의 생각은 어
떠신지요?

밀: 플라톤 선생님의 우려는 이해하지만, 그 해결
책에는 동의할 수 없습니다. 아무리 현명한 엘리
트라 하더라도 절대권력을 가지면 부패하게 됩니

다. 더 중요한 것은 개인의 자유와 자율성입니다.

설령 철학자 왕이 올바른 결정을 내린다 하더라도, 개인의 선
택권을 박탈한다면 그 결정은 정당하지 않습니다. 과거 귀족이

다스리는 사회에서는 가능한 일일지 모르지만, 현대 민주주의 사회에서는 개인의 선택과 자율성을 막는 독재가 될 것입니다. 민주주의의 가치는 완벽한 결과가 아니라 개인이 스스로 선택할 권리에 있습니다. 우리가 바라는 사회는 완벽한 사회가 아니라 개인의 자유가 보장되는 사회여야 합니다.

홉스: 두 분의 말씀을 흥미롭게 들었습니다만, 가장 중요한 것을 놓치고 계십니다. 바로 '질서' 입니다. 자연상태에서 인간의 삶은 고독하고, 가난하고, 더럽고, 야만적이며, 짧습니다. 누가 통치하든 핵심은 그가 절대적 권위를 갖고 질서를 유지할 수 있는 체제를 만들 수 있느냐에 달려 있습니다. 플라톤 선생님의 철학자 왕도 좋고, 밀 선생님의 민주정부도 좋습니다. 하지만 그 어떤 정부든 절대적 권력을 가져야 합니다. 권력이 분산되거나 제한되면 내전과 무정부 상태가 됩니다.

아고라: 홉스 선생님의 말씀을 들으면 마치 질서만 지켜진다면 어떤 권력이든 상관없다고 생각할 수도 있습니다. 그렇다면 과거 독재정부에 대한 강력한 옹호로도 이용될 수 있겠네요. 그런 독재적 질서 속에서 과연 우리는 행복할 수 있을까요? 어쨌든 세

분 말씀을 요약하면, 전문성에 기반한 통치, 개인의 자유 보장, 질서 유지를 위한 강력한 권력이 되겠네요. 논의를 좀더 구체화하기 위해 사례를 들어보겠습니다.

2. 교육과 사회적 이동 - 능력주의는 공정한가?

아고라: 대한민국에서는 '개천에서 용 난다'는 말이 한때 유행한 적이 있습니다. 아무리 가난해도 열심히 노력만 하면 능력을 입증하고 성공할 수 있다는 신화 같은 말이었죠. 하지만 요즘에는 그런 말이 쏙 사라져 버렸습니다. 명문대학에 입학하는 대부분의 학생들은 강남 8학군에, 전문직 부모를 둔 부유층에 속하거든요. 플라톤 선생님, 당신의 이상국가에서는 각자의 역할이 정해진다고 하셨는데, 그건 타고난 본성 때문입니까? 교육이나 환경으로 바꿀 수는 없는 건가요? 교육을 통한 사회적 이동이 거의 불가능해진 한국의 사회현상에 대해 어떻게 생각하십니까?

플라톤: 저의 주장을 오해하신 것 같습니다. 저는 사회적 이동을 완전히 막자고 말한 것이 아닙니다. 『국가』에서도 '금의 영혼을 가진 아이가 철의 영혼을 가진 부모에게서 태어날 수 있고, 그 반대도 가능하다'고 했습니다. 중요한 것은 개인의 본성과 능력에 맞

는 교육을 제공하는 것입니다.

오늘날 한국의 교육 현실을 보면 모든 학생을 대학 입시라는 동일한 기준으로만 평가하고 있습니다. 이것이야말로 진정한 불공정입니다. 진정한 교육은 각자의 잠재력을 발견하고, 그에 맞는 길을 열어주는 데 있습니다. 타고난 재능이 다른데도 하나의 잣대로만 서열을 매기는 것은 개인의 가능성을 억누를 뿐 아니라 사회 전체의 다양성과 창의성까지 잃게 만듭니다. 각자의 고유한 능력을 존중하고 발전시킬 때 비로소 공정하고 정의로운 교육이 이루어질 수 있습니다.

밀: 플라톤 선생님의 말씀에는 위험한 함정이 있습니다. 타고난 재능이라는 것을 누가 어떻게 판단할 것입니까? 그리고 그 판단이 틀렸을 때는 어떻게 할 것입니까? 교육의 목적은 개인을 사회의 톱니바퀴로 만드는 것이 아니라, 각자가 자신의 잠재력을 최대한 발휘할 수 있도록 돕는 것입니다. 한국의 입시 경쟁이 문제라면 그 해결책은 더 다양한 기회를 제공하는 것이지, 미리 운명을 정해놓는 것이 아닙니다. 모든 개인은 자신의 삶을 스스로 선택할 권리가 있습니다.

3. 개인의 자유 vs 사회의 질서

아고라: 주제를 바꿔 보겠습니다. 플라톤의 이상국가에서는 개인의 욕망보다 사회 전체의 조화가, 홉스 선생님이라면 개인의 자유보다는 사회적 질서나 안정성을 우선합니다. 하지만 현대사회에서는 개인의 자유와 권리가 무엇보다 중요하게 여겨집니다. 코로나 팬데믹 시절 한국처럼 사회 전체의 안정성을 확보하기 위해서 강제로 방역을 실시한 경우도 있었지만, 유럽의 경우처럼 개인의 자유로운 선택에 맡기기도 했습니다. 이런 경우 어떻게 균형을 맞춰야 할까요?

홉스: 제가 먼저 발언하겠습니다. 진정한 자유는 질서가 있을 때만 가능합니다. 자연상태에서는 모든 사람이 모든 것에 대한 권리를 가지지만, 그 결과는 '만인의 만인에 대한 투쟁'입니다. 아무도 안전하지 않고, 아무도 자유롭지 않습니다. 팬데믹 상황을 보십시오. 강력한 방역 조치를 취한 나라들이 오히려 더 빨리 일상을 회복했습니다. 개인의 자유를 내세워 방역에 소홀한 나라들은 오랫동안 혼란에 빠져 있었습니다. 때로는 자유를 제한해야 진정한 자유가 가능합니다. 주권자가 강력한 권력을 가져야 모든 사람이 안전하게 자유를 누릴 수 있습니다.

플라톤: 진정한 자유는 욕망의 노예가 되는 것이 아니라, 이성의 지배를 받는 것입니다. 개인이 자신의 욕망대로 행동한다면 사회는 혼란에 빠집니다. 팬데믹 상황에서도 마찬가지였습니다. 개인의 자유를 내세워 마스크를 쓰지 않고 모임을 가진 사람들 때문에 얼마나 많은 사람들이 피해를 입었습니까. 사회는 하나의 유기체와 같습니다. 손이 '나는 자유롭게 행동하겠다'며 제멋대로 행동하다가 몸 전체를 해친다면, 그것이 진정한 자유일까요? 진정한 자유는 각 부분이 제 역할을 충실히 수행하면서 전체의 조화를 이루는 데서 나옵니다. 몸의 모든 기관이 조화를 이룰 때 건강이 유지되듯, 사회의 모든 구성원이 자신의 몫을 다할 때 비로소 공동체와 개인 모두가 진정으로 자유로워질 수 있습니다.

아고라: 이야기가 점점 사회적 질서와 안정성으로 기우는 것 같은데요. 이에 대한 밀 선생님의 견해를 들어볼까요?

밀: 플라톤 선생님의 유기체 비유는 개인을 사회의 부품으로 전락시키는 위험한 사고입니다. 또한 홉스 선생님의 견해에 따르면 개인은 강력한 권력에 종속되어야 합니다. 저는 그렇게 생각하지 않습니다. 개인은 사회를 위해 존재하는 것이 아니라, 사회가 개인을 위해 존재하는 것입니다. 물론 개인의 자유에도 한계가 있

습니다. 하지만 다른 사람에게 해를 끼치지 않는 한 개인의 자유는 최대한 보장되어야 합니다. 팬데믹 때 방역 조치가 필요했던 것도 개인의 행동이 다른 사람의 건강에 직접적 해를 끼칠 수 있었기 때문입니다. 하지만 그 조치는 최소한에 그쳐야 하고, 상황이 개선되면 즉시 해제되어야 합니다. 정부가 공공의 이익이라는 명목으로 개인의 자유를 과도하게 제한하는 것은 매우 위험합니다.

4. 현대 기술과 정보사회의 도전

아고라: 세 선생님의 관점이 잘 드러나는 대답인 것 같습니다. 이번에는 주제를 완전히 바꿔 보겠습니다. 오늘날 우리는 인공지능, 빅데이터, 소셜미디어가 지배하는 시대에 살고 있습니다. 이런 기술들이 정치와 사회에 미치는 영향에 대해 어떻게 생각하십니까?

플라톤: 매우 흥미로운 발전입니다. 인공지능이 인간보다 더 정확하고 객관적인 판단을 할 수 있다면, 이것이야말로 제가 꿈꾼 철학자 왕에 가까운 것 아닐까요? 감정에 휩쓸리지 않고, 개인적 이익을 추구하지 않으며, 오직 데이터와 논리에 기반해 최선의 결정을 내릴 수 있습니다.

하지만 동시에 우려도 있습니다. 소셜미디어를 보면 사람들이 진실보다는 자신이 듣고 싶은 말만 골라 듣고, 확증편향에 빠져 있는 경우가 많습니다. 이는 제가 『국가』에서 말한 '동굴의 비유'와 같은 상황입니다. 동굴 속 죄수들은 뒤에서 비치는 불빛에 드리워진 그림자만을 진실이라고 착각하지만, 실제로는 그림자 너머에 더 큰 현실이 있습니다. 마찬가지로 사람들은 소셜미디어의 이미지와 편향된 정보에 매달리며 그것을 전부라고 믿습니다. 그러나 진정한 교육과 철학적 사유란 동굴 밖으로 나가 햇빛을 직시하는 것, 즉 현상 너머의 진리를 향해 나아가는 과정입니다. 기술이 발전할수록 오히려 이러한 철학적 성찰의 힘이 더 절실히 요구됩니다.

홉스: 저는 기술의 발전을 긍정적으로 봅니다. 빅데이터와 AI를 활용하면 범죄를 예방하고, 사회불안을 조기에 감지하며, 질서를 보다 효율적으로 관리할 수 있습니다. 기술이 발달할수록 더 강력하고 효율적인 통제가 가능해지는데, 이것은 모든 사람의 안전과 평화를 위해 필요한 일입니다.

물론 소셜미디어를 통한 가짜뉴스나 선동은 사회질서를 해치는 심각한 문제입니다. 이에 대해서는 강력한 규제와 관리가 필요합니다. 개인의 표현의 자유도 중요하지만, 그것이 공동체 전체의 안정과 안전을 해칠 수 있다면 우선되어야 할 가치는 사회의 평화와 질서입니다.

아고라: AI가 인간보다 더 많은 데이터를 바탕으로 정확한 판단을 내릴 수 있다면, 과연 인간은 AI의 통치에 동의해야 할까요? 알고리즘이 결정한 정의가 과연 인간에게도 정의로울까요?

밀: 두 분은 AI를 매우 긍정적으로 보고 있습니다. 하지만 AI가 객관적이라는 생각은 착각입니다. AI도 결국 인간이 만든 데이터와 알고리즘에 기반하기 때문에, 인간의 편견과 가치관이 반영될 수밖에 없습니다. 그래서 AI가 아무리 정확한 판단을 내린다 하더라도, 그것이 개인의 자율성을 대체할 수는 없습니다.

소셜미디어의 문제도 검열로 해결할 것이 아니라, 더 많은 정보와 다양한 관점을 제공함으로써 해결해야 합니다. 진리는 자유로운 토론 속에서 살아남습니다. 다양한 의견이 충돌하는 가운데 우리는 진실에 가까워질 수 있습니다. 이때 개인이 스스로 판단할 수 있는 능력을 길러야 합니다.

아고라: 밀 선생님의 말씀을 들으니 자연스레 『정의론』의 존 롤스(John Rawls, 1921~2002)가 떠오르네요. 롤스의 시각에서 보

면 이러한 기술 발전이 정당하려면 두 가지 원칙을 충족해야 합니다. 첫째, 모든 사람의 기본적 자유—표현의 자유, 정치적 참여의 권리—가 침해되지 않아야 합니다. 둘째, 기술이 만들어낸 부와 기회는 사회의 가장 불리한 위치에 있는 사람들에게 실질적인 이익을 주도록 배분되어야 합니다. 인공지능과 빅데이터가 단지 부유층과 거대 기업의 권력을 강화하는 것이 아니라, 사회적 약자와 소외된 이들을 더 나은 삶으로 이끌 수 있어야 정의롭다고 할 수 있을 겁니다.

그래서 롤스라면 기술의 발전이 민주적 가치와 평등의 원칙을 훼손하지 않도록 강력한 제도적 장치와 공적 규제가 필요하다고 강조했을 것입니다. 기술은 자유와 정의를 확장하는 도구가 되어야지, 불평등을 심화시키는 도구가 되어서는 안 되기 때문입니다.

5. 글로벌 시대의 정의

아고라: 마지막 토론 주제입니다. 오늘날 우리는 글로벌 시대에 살고 있습니다. 기후변화, 팬데믹, 경제 위기 등은 국경을 넘나드는 문제들입니다. 플라톤 선생님의 이상국가는 하나의 폐쇄된 공동체를 전제로 하는데, 글로벌 시대에도 적용될 수 있을까요?

플라톤: 규모의 문제일 뿐입니다. 만약 전 세계가 하나의 국가가 된다면 같은 원리를 적용할 수 있습니다. 각 지역이 자신의 특성에 맞는 역할을 하고, 현명한 철학자들이 전체를 조화롭게 이끌어간다면 세계 평화도 가능할 것입니다. 실제로 국제기구들이나 다국적 기업들을 보면 전문가들이 국경을 넘나들며 협력하고 있지 않습니까? 기후변화 같은 문제도 과학자들과 전문가들이 주도해서 해결책을 찾아야 합니다. 각국의 정치인들이 자국의 이익만 추구하기 때문에 글로벌 문제가 해결되지 않는 것입니다.

홉스: 동의합니다. 글로벌 시대야말로 강력한 세계정부가 필요한 시대입니다. 현재 국제사회는 사실상 무정부 상태입니다. 각국이 자국의 이익만 추구하고, 국제법도 강제력이 없어서 지켜지지 않습니다. 그 결과가 전쟁, 환경파괴, 팬데믹의 확산입니다. 만약 강력한 세계정부가 있다면 기후변화 대응을 강제할 수 있고, 팬데믹 상황에서 국경을 통제할 수 있으며, 국가 간 분쟁을 막을 수 있습니다. 각국이 주권을 일부 포기하더라도, 그 대가로 얻는 평화와 안정이 훨씬 더 가치 있습니다. 세계정부는 유토피아가 아니라 생존을 위한 필수조건입니다.

아고라: 플라톤 선생님과 홉스 선생님이 연합하신 것 같습니다.

밀 선생님은 어떠십니까? 이 대열에 합류하시겠습니까?

밀: 그럴 거 같지는 않습니다. 글로벌 거버넌스(governance)의 필요성은 인정하지만, 그것이 전 세계를 하나의 통치 체제로 만드는 것을 의미하지는 않습니다. 오히려 다양성이야말로 인류 발전의 원동력입니다. 각 나라와 문화가 서로 다른 실험을 하고, 그 결과를 공유함으로써 더 나은 해답을 찾을 수 있습니다. 중요한 것은 강제가 아니라 자발적 협력입니다. 각국이 자신의 이익을 추구하면서도 동시에 글로벌 공익에 기여할 수 있는 제도를 만드는 것이 필요합니다. EU 같은 지역 통합이나 UN 같은 국제기구가 그런 역할을 할 수 있겠지요.

아고라: 감사합니다. 즐거운 토론이었습니다. 오늘의 주인공인 플라톤 선생님이 마지막 정리 발언을 해주시기 바랍니다.

플라톤: 오랜만에 토론을 하니 아주 좋네요. 밀 선생님의 개인의 자유에 대한 열정과 홉스 선생님의 질서에 대한 통찰에 깊이 감명 받았습니다. 자주 만나서 토론을 했으면 좋겠습니다.

오늘날 대한민국 사회를 보면 더욱 정의가 필요하다고 생각합니다. 진정한 정의는 지혜에서 나옵니다. 제가 『국가』를 쓸 때, 아테네 민주정치는 소크라테스 같은 현자를 죽이고 선동가들의 말에 휩쓸려 잘못된 결정을 반복했습니다. 오늘날도 크게 다르지 않습니다. 복잡한 현대사회의 문제들을 해결하려면 정의로운 지식과 지혜가 필요합니다. 기술의 사용도 마찬가지입니다. 기술은 도구입니다. AI가 아무리 발달해도, 그것을 올바르게 사용할 지혜가 없다면 오히려 위험해질 수 있습니다.

밀 선생님이 강조하신 개인의 자유도 중요합니다. 하지만 진정한 자유는 무지에서 벗어나는 것입니다. 동굴 속에서 그림자만 보고 사는 것이 자유일까요? 진리를 아는 것이야말로 진정한 해방입니다. 교육을 통해 진리를 깨달을 수 있다면, 사람들은 스스로 올바른 선택을 할 것입니다.

홉스 선생님의 질서 중시도 타당합니다. 하지만 힘이 아니라 정의에 기반한 질서여야 합니다. 각자가 자신의 본성에 맞는 역할을 할 때, 강제가 아니라 자발적으로 조화로운 사회가 만들어집니다.

정의로운 사회는 저절로 만들어지지 않습니다. 각자가 자신의 영혼을 올바르게 다스릴 때, 비로소 정의로운 국가가 가능합니다. 여러분 한 사람 한 사람이 철학자가 되어, 지혜로운 선택을 하시기 바랍니다. 그것이야말로 진정한 민주주의이고 진정한 자유입니다.

아고라: 감사합니다. 오늘 우리는 2400여 년 전 플라톤 신생님이 던진 질문이 우리 시대에도 여전히 중요한 이슈임을 확인했습니다. 엘리트가 다스리는 사회가 정의로운가? 명확한 답은 없을지도 모릅니다. 하지만 이런 질문을 계속 던지고, 서로 다른 관점에서 토론하는 것 자체가 민주시민으로서 우리가 가져야 할 자세일 것입니다.

현대사회는 플라톤 선생님이 경험했던 아테네보다 훨씬 복잡하고 다양합니다. 전문성과 민주성, 자유와 질서, 개인과 공동체 사이의 균형을 찾는 것은 쉽지 않은 과제입니다. 그렇기 때문에 이런 근본적 질문들에 대해 계속 고민하고 토론해야 합니다.

오늘도 마지막으로 청중들께 질문을 하면서 '지혜의 광장'을 마치겠습니다.

"당신이 선택하고 싶은 정의로운 사회는 무엇인가요?"

❶ 모두가 자신의 위치에서 맡은 역할을 충실히 하며 개인보다 공동체 전체의 조화와 질서를 중시하는 사회 – 플라톤형

❷ 타인에게 해를 끼치지 않는 한 개인의 자유와 선택이 최대한 존중되는 사회 – 밀형

❸ 인간의 끝없는 욕망과 갈등을 억누르기 위해 강력한 통치 권력
이 질서를 보장하는 사회-홉스형

만약 우리나라의 젊은이들이 이상은 높지만 현실은 비참하다고 느낀다면 어떨까요? 그래서 '헬조선'을 외치며 이 땅을 떠나려고 한다면 어떨까요? 경제적으로 부가 일부에만 집중되어 부자들은 더욱 부자가 되지만, 중산층은 점점 줄어들고 가난한 사람만 늘어난다면 어떨까요? 정치적으로는 극단적인 세력이 득세하고, 이성적이고 건전한 중도 세력은 자취를 감춘다면 어떨까요? 정치가 제 역할을 하지 못하고 점점 무력화된다면 우리는 어떤 길을 선택해야 할까요?

이런 문제를 깊이 고민했던 철학자 아리스토텔레스를 만나 그의 이야기를 들어보겠습니다.

아리스토텔레스 「정치학」

정치는 왜 필요한가?

아리스토텔레스,
당신은 누구?

"인간은 정치적 동물이다."

고대 그리스 철학자 아리스토텔레스(Aristoteles, B.C. 384~322)는 서양철학의 기초를 세웠습니다. 뿐만 아니라 거의 모든 분야의 학문을 다루고 후대 학문 체계의 토대를 만들어 '만학(萬學)의 스승'으로도 불립니다. 그의 『정치학』은 서구 정치사상사에서 가장 현실적이고 체계적인 정치 이론서로 평가받습니다. 이 책이 탄생하기까지는 만학 철학자의 치열한 지적 여정과 격동하는 그리스 세계의 정치적 현실이 있었습니다. 그 이야기로 들어가볼까요?

B.C. 384년 아리스토텔레스는 그리스 북부 마케도니아왕국의

작은 도시에서 태어났습니다. 그의 아버지는 마케도니아의 궁정 의사였습니다. 당시 의학은 철학과 밀접한 관련이 있었고, 궁정 의사는 왕의 정치적 조언자 역할도 겸하는 고위직이었습니다.

마케도니아는 당시 아테네나 스파르타 같은 전통적인 폴리스 사람들에게는 변방의 이질적인 나라, 때로는 '야만족' 왕국으로 여겨졌지만, 실제로는 급속히 성장하는 신흥 강국이었습니다. 마케도니아는 그리스 도시국가들과는 다른 군주정 체제였습니다. 왕은 절대적 권력을 가지고 있었지만, 동시에 귀족들과의 관계를 정치적으로 조율해야 했습니다.

어린 시절 아리스토텔레스는 아버지를 따라 궁정을 드나들며 정치와 권력의 세계를 가까이에서 관찰할 수 있었습니다. 이런 경험은 나중에 그가 다양한 정치체제를 분석할 때 중요한 바탕이 되었습니다.

17세 무렵 아리스토텔레스는 당시 그리스 세계의 지적 중심지였던 아테네로 향했습니다. 그곳에서 그는 플라톤의 아카데미아에 입학하여 20여 년간 스승의 가르침을 받고 학문에 정진하며 인생에서 가장 중요한 시기를 보냈습니다. 그는 뛰어난 기억력과 분석력을 가지고 있었고, 특히 논리적 사고가 탁월했습니다. 그는 플라톤의 대화편들을 깊이 연구했고, 스승의 철학을 체계적으로 정리하는 작업에도 참여했습니다.

하지만 아리스토텔레스는 단순히 스승의 가르침을 받아들이기만 하는 수동적인 제자가 아니었습니다. 그는 점차 플라톤의 이상주의적 철학에 의문을 품기 시작했습니다. 플라톤이 감각 세계를 넘어선 '이데아의 세계'를 추구했다면, 그는 '현실 세계 그 자체'에 주목했습니다. 특히 정치 문제에서 두 사람의 차이는 더욱 뚜렷했습니다. 플라톤이 『국가』에서 제시한 '철학자 왕의 통치, 사유재산의 폐지, 가족제도의 해체' 같은 이상국가는 현실과 너무 동떨어져 있다고 보았습니다. 그는 "플라톤을 사랑하지만, 진리는 더욱 사랑해야 할 친구다"라는 유명한 말을 남기며 스승과 다른 길을 걸어가기 시작했습니다.

아리스토텔레스의 비판은 구체적이었습니다. 그는 플라톤이 제시한 공산주의적 공동체가 실제로는 공동체의 결속을 약화시킬 것이라고 주장했습니다. '모든 사람의 것은 누구의 것도 아니다'라고 하면서 공유재산의 문제점을 예리하게 지적했습니다. 또한 가족제도의 폐지는 인간의 자연스러운 애정을 파괴할 것이라고 우려했습니다.

B.C. 347년경 플라톤이 세상을 떠나자, 아카데미아의 후계자 자리는 플라톤의 다른 제자에게 돌아갔습니다. 또한 아테네에서

는 반(反)마케도니아 감정이 고조되고 있어서, 마케도니아 출신인 아리스토텔레스에게는 불리한 상황이었습니다. 그는 아테네를 떠나 소아시아의 아소스로 갔습니다. 하지만 3년 후 마케도니아와 가까운 입장을 취했던 아소스의 통치자가 페르시아의 적으로 간주되어 체포되어 사망하자, 아리스토텔레스는 레스보스섬으로 거처를 옮겼습니다. 이곳에서 보낸 2년은 아리스토텔레스의 학문적 발전에 중요한 시기였습니다.

그는 섬의 다양한 생물들을 관찰하고 분류하며 생물학 연구에 몰두했습니다. 바다의 물고기, 육지의 동물, 하늘의 새들을 체계적으로 연구했습니다. 다양한 생물들을 관찰하고 분류하면서, 그는 현실을 체계적으로 분석하는 방법론을 터득했습니다. 특히 돌고래의 생태를 자세히 관찰하여 포유동물이라는 사실을 발견했습니다. 또한 꿀벌들이 각자의 역할을 분담하여 질서 있는 공동체를 이루는 모습에서 인간 사회의 원형을 보았습니다.

B.C. 343년 아리스토텔레스의 인생에 또 다른 전환점이 찾아왔습니다. 그리스 문화에 대한 열등감을 가지고 있던 마케도니아 왕이 그를 왕자 알렉산드로스의 스승으로 초청한 것입니다. 그리스인들은 마케도니아를 야만족의 나라로 여겼기 때문에, 마케도니아 왕은 아들을 그리스 최고의 철학자에게 교육받게 함으

로써 문화적 정통성을 확보하려 했습니다.

아리스토텔레스에게도 좋은 기회였습니다. 안정적인 지위와 후원을 제공받을 수 있고, 미래의 왕을 교육함으로써 자신의 정치 이론을 실제로 적용해볼 기회이기도 했습니다. 알렉산드로스는 당시 13세의 소년이었지만, 이미 비범한 재능을 보이고 있었습니다. 그는 총명하고 호기심이 많았으며, 특히 영웅담을 좋아했습니다. 아리스토텔레스는 3년 넘도록 왕자에게 맞춤형 교육을 하면서 정치학·윤리학·수사학·문학·과학 등 다양한 분야의 지식을 전수했습니다.

특히 호메로스의 『일리아드』를 함께 읽으며 영웅적 덕목과 리더십에 대해 토론했습니다. 아킬레우스의 용기, 오디세우스의 지혜, 헥토르의 의무감 등을 분석하며 이상적인 지도자상을 그려 나갔습니다. 알렉산드로스는 이 책에 완전히 매료되어 자신을 아킬레우스의 계승자로 여겼고, 실제로 트로이를 방문했을 때 아킬레우스의 무덤에 꽃을 바치기도 했습니다.

아리스토텔레스는 알렉산드로스에게 의학과 생물학도 가르쳤습니다. 알렉산드로스가 동방 원정을 할 때 각지의 동식물 표본을 스승에게 보냈는데, 이런 자료들은 아리스토텔레스의 생물학 연구에 큰 도움이 되었습니다.

아리스토텔레스가 미래의 정복자 알렉산드로스를 가르치는 모습 (1866년 프랑스 삽화가 샤를 라 플랑트).

원정을 떠난 아버지 대신 16세의 알렉산드로스가 왕의 대리자가 되어 통치를 시작하면서, 아리스토텔레스의 교육 임무는 끝났습니다. 그는 고향으로 돌아가 158개 그리스 도시국가의 정치제도를 조사했습니다.

아리스토텔레스는 플라톤의 이상주의적 접근법에 대한 대안을 찾고 있었습니다. 이상적인 국가를 머릿속으로 설계하는 대신, 실제로 존재하는 다양한 정치체제들을 분석하고 분류함으로써 정치학을 과학적 학문으로 만들고자 했습니다. 이 연구는 혼자서 할 수 있는 일이 아니었습니다. 그는 제자들과 함께 여러 도시국가의 역사, 헌법, 정치제도, 사회구조 등을 상세히 조사했습니다.

B.C. 335년 아리스토텔레스는 다시 아테네로 돌아와 철학 학교를 설립하였습니다. 학교는 아폴론 리케이오스 신전 근처에 있었기 때문에 '리케이온'이라 불렸고, 그가 거닐며 강의하는 습관 때문에 '걷는 사람들'이라는 뜻의 '페리파토스(Peripatos)'라고도 불렸습니다.

리케이온은 스승 플라톤의 아카데미아와는 다른 성격을 가지고 있었습니다. 아카데미아가 수학과 형이상학 같은 이론적 철학에 중점을 두었다면, 리케이온은 생물학·역사학·정치학 등 경험과 관찰에 기반한 학문을 중시했습니다. 아리스토텔레스는 '철학은 놀라움에서 시작된다'고 말했는데, 이 놀라움은 현실 세계에서 마주하는 현상들에 대한 호기심과 의문이었습니다.

리케이온에는 도서관과 박물관이 있었습니다. 그는 알렉산드로스대왕의 후원을 받아 방대한 자료를 수집했습니다. 각지에서 보내온 동식물 표본, 각국의 법률과 헌법, 역사 기록 등이 체계적으로 정리되어 있었습니다. 이는 고대 세계에서 가장 큰 규모의 연구 기관이었습니다.

리케이온에서 아리스토텔레스는 12년간 왕성한 연구와 교육 활동을 펼쳤습니다. 그는 제자들과 함께 방대한 자료를 수집하고 분석했습니다. 『정치학』은 바로 이 시기에 완성된 작품입니다.

이 책은 단순한 이론서가 아니라, 158개 도시국가에 대한 실증적 연구를 바탕으로 한 종합적 정치 과학서였습니다. 그는 플라톤처럼 이상적인 국가를 설계하는 대신, 현실에 존재하는 다양한 정치 체제들을 분석하고 분류했습니다. 그는 정치를 도덕이나 철학의 부속물이 아닌 독립적인 학문 영역으로 확립했습니다.

B.C. 323년 알렉산드로스대왕이 갑작스럽게 사망하면서 그리스 각지에서 반마케도니아 감정이 급격히 퍼졌습니다. 아테네도 마찬가지여서 알렉산드로스대왕의 스승인 아리스토텔레스는 위험인물로 간주되기 시작했습니다. 소크라테스처럼 억울하게 죽임 당할 것을 두려워한 아리스토텔레스는 아테네를 떠나 어머니의 고향으로 피신하였지만, 이듬해 63세로 생애를 마감했습니다. 그의 죽음으로 '소크라테스→플라톤→아리스토텔레스'로 이어지는 아테네 철학의 황금시대도 막을 내렸습니다.

『정치학』 핵심 쏙쏙!

아리스토텔레스의 『정치학』은 공동체와 국가의 의미를 탐구하는 서양 고대 정치철학의 정수입니다. 정치체제를 체계적으로 분류했고, 특히 사회의 안정을 위해서는 극단적으로 부유한 자와 극단적으로 가난한 자가 아닌 중간계급이 중심이 되어야 한다는 '중간계급론'을 제시했습니다. 또한 군주의 자의적 권력보다 법의 지배가 우선되어야 한다는 원칙을 강조하며, 훗날 법치주의의 토대를 마련했습니다. 그의 사상은 오늘날의 민주주의와 헌정주의 논의에 여전히 큰 영향을 미치고 있습니다.

인간은 정치적 동물이다

아리스토텔레스는 인간은 정치적 동물이라는 유명한 명제를 제시합니다. 그는 인간이 언어를 가진 유일한 존재라고 보았습니다. 언어를 통해 인간은 단순한 소통을 넘어 선과 악, 정의와 불의를 함께 논의할 수 있고, 이런 능력 때문에 자연스럽게 정치적 공동체를 만들게 된다는 것입니다.

그가 제시하는 첫 번째 핵심 원칙은 '국가는 자연스러운 공동체'라는 것입니다. 개인은 혼자 살아갈 수 없고, 그래서 가족을 이루고, 가족들이 모여 마을을 이루며, 마을이 발전해 국가가 됩니다. 이 과정은 인위적인 계약 때문이 아니라, 인간의 본성에서 비롯된 자연스러운 질서라고 설명했습니다.

또한 그는 '국가 밖에서 홀로 살아가는 자는 인간이 아니다. 그는 짐승이거나 신일 뿐이다'라는 말로 인간에게 국가가 얼마나 필수적인지를 강조합니다. 국가는 단순히 안전하게 생존하기 위한 장치가 아니라, 사람들이 함께 협력하여 '좋은 삶'을 실현하기 위해 존재하는 공동체라는 겁니다.

통치자의 수와 목적에 따라 정치체제를 분류하라

아리스토텔레스의 모든 분석은 '어떤 정치체제가 가장 좋은가?'라는 실용적 질문에서 출발합니다. 그는 제자들과 함께 158개 도시국가의 헌법을 조사, 분석하여 정치체제를 여섯 가지로 구분했습니다. 기준은 두 가지였습니다. 첫째, 누가 통치하는가

(한 사람, 소수, 다수), 둘째, 무엇을 목적으로 통치하는가(공익, 사익)입니다. 특히 통치 목적이 공익 추구는 '올바른 정치체제', 사익 추구는 '일탈된 정치체제'로 구분했습니다.

올바른 정치체제

- **왕정**(王政, Monarchy): 한 사람이 공익을 위해 통치.
- **귀족정**(貴族政, Aristocracy): 소수가 공익을 위해 통치.
- **공화정**(共和政, Polity): 다수가 공익을 위해 통치.

일탈된 정치체제

- **참주정**(僭主政, Tyranny): 한 사람이 사익을 위해 통치.
- **과두정**(寡頭政, Oligarchy): 소수가 사익을 위해 통치.
- **민주정**(民主政, Democracy): 다수가 사익을 위해 통치.

흥미로운 것은, 오늘날 긍정적으로 평가되는 민주정을 아리스토텔레스는 일탈된 정체로 본다는 점입니다. 그는 언제나 가난한 다수가 자신들의 이익만을 위해서 부자와 능력 있는 소수를 억누르게 될 위험이 있다고 보았습니다. 실제로 당시 아테네의 직접민주정은 민중의 감정과 여론에 휘둘리기 쉬웠는데, 소크라테스가 다수의 판결로 사형에 처해진 사건은 아리스토텔레스의 이러한 우려를 잘 보여주는 사례입니다.

이러한 시각은 스승 플라톤의 영향과도 연결됩니다. 플라톤은 『국가』에서 '민주정은 자유와 평등을 지나치게 중시한 나머지 혼란과 무질서로 빠지고, 결국 참주정(Tyranny)으로 몰락한다'고 보았습니다. 민주정에서 자유가 극단적으로 치달으며 질서가 무너질 때 대중의 불만과 욕망을 교묘히 이용하는 선동가가 등장해 인기를 얻고, 스스로를 민중의 대표로 내세우며 권력을 장악하게 됩니다. 이렇게 민주정 속에서 태어난 선동가가 곧 폭군이 되어, 민주정은 가장 타락한 체제인 참주정으로 전락한다는 것입니다.

그러나 아리스토텔레스는 스승의 입장을 그대로 따르지 않고 수정했습니다. 그는 민주정이라 하더라도 다수가 공익을 지향한다면 올바른 체제인 공화정이 될 수 있다고 본 것이죠. 그래서 아리스토텔레스의 민주정 비판은 스승 플라톤의 비판을 계승하면서도, 동시에 더 현실적이고 다양한 가능성을 인정한 평가라고 할 수 있습니다.

중간계급이 정치의 중심이 되어야 한다

이러한 정치체제 분석을 바탕으로 아리스토텔레스는 현실 정치에서 중요한 통찰을 제시합니다. 극단적인 부자도, 극도로 가난한 자도 좋은 시민이 되기 어렵다는 것입니다. 극단적인 부자들은 오만하고 권력욕이 강해서 법을 무시하려는 경향이 있고, 극도로 가난한 사람들은 삶이 불안정해서 비굴해지거나, 가진 자들에 대한 질투심 때문에 선동가에게 쉽게 휘둘릴 수 있기 때문이라는 겁니다.

이들에 비해 중간 정도의 재산을 가진 사람들은 가장 안정적이고 합리적으로 정치에 참여할 수 있습니다. 그들은 부자를 부러워하지도 않고, 가난한 사람을 멸시하지도 않으며, 극단에 치우치지 않는 균형 잡힌 태도를 유지합니다. 아리스토텔레스는 이렇게 말했습니다.

"중간에 있는 자들이야말로 가장 좋은 시민이며, 그들이 많은 정치체제가 가장 오래 유지된다."

이러한 그의 사상은 현대 민주주의 이론의 핵심이 되었습니다. 중간계급이 사회에서 두텁게 존재하고 정치의 중심에 설 때 사회는 갈등을 완화하고 안정적인 정치를 이어갈 수 있다는 것입니다.

법의 지배가 인간의 지배보다 낫다

아리스토텔레스는 정치에서 무엇이 더 바람직한가를 두고 분명한 입장을 내놓았습니다. 그는 '법의 지배가 인간의 지배보다

낮다'고 강조했습니다. 아무리 현명하고 덕망 있는 통치자라 할지라도 인간은 본성상 감정과 욕망에 흔들릴 수 있으며, 때로는 사적인 이익에 휘둘릴 수 있습니다. 반면에 법은 개인의 일시적 감정이 아니라 오랜 경험과 이성, 그리고 공동체의 집단적 지혜가 축적된 결정체이기 때문에 훨씬 더 공정하고 일관성 있는 기준을 제시할 수 있습니다. 그래서 개인의 자의적 판단에 의존하는 것보다 법을 통해 사회를 운영하는 것이 신뢰할 만하다는 것입니다.

그러나 아리스토텔레스는 동시에 법의 한계도 인식했습니다. 법은 추상적이고 일반적인 규범이기 때문에 모든 구체적 상황을 완벽하게 담아낼 수는 없습니다. 그래서 법을 단순히 기계적으로 적용하는 것은 위험합니다. 그는 이런 경우 공동선을 추구하는 덕성과 실용적 지혜를 갖춘 통치자가 필요하다고 보았습니다. 법을 근간으로 삼되 실제 상황에서는 지혜로운 지도자가 법을 해석하고 보완함으로써 정의를 구현해야 한다는 것입니다.

최선의 정치체제는 혼합정치체제다

아리스토텔레스는 어떤 정치체제도 완벽하지 않으며, 하나의 체제가 영원히 지속되기는 어렵다고 보았습니다. 왕정은 시간이 지나면 독재적 성격을 띤 참주정으로 변질될 수 있고, 귀족정은 특정 집단의 이익만을 대변하는 과두정으로 타락할 위험이 있습니다. 중산층을 기반으로 한 공화정 또한 선동가의 영향력 아래 쉽게 휘둘려 무질서한 민주정으로 전락할 수 있습니다.

그래서 그는 한 가지 정치 형태에만 의존하기보다 여러 제도의 장점을 절충한 혼합정치체제를 최선의 대안으로 제시했습니다. 이상적인 혼합정치체제에서는 왕정의 효율성과 지도력, 귀족정의 지혜와 경험, 민주정의 자유와 참여가 조화를 이루어야 합니다. 이를 통해 어느 한 계층도 권력을 독점하지 못하게 하며, 서로 다른 계층과 집단이 견제하고 균형을 이루는 체제가 권력의 남용을 막고 지속 가능한 정의로운 공동체를 만드는 가장 현실적인 방안이라고 봤습니다.

교육을 통해 시민의 덕을 기르라

그는 좋은 정치제도의 성패는 제도 자체에 달려 있는 것이 아니라, 그것을 운영하는 시민들의 덕성과 역량에 달려 있다고 보았습니다. 아무리 훌륭한 헌법과 제도가 마련되어 있어도, 그것을 운영하는 시민들이 지혜와 책임감을 갖추지 못한다면 정치 공동체가 제대로 기능할 수 없기 때문입니다. 그래서 아리스토텔레스는 국가가 시민교육을 가장 중요한 책무로 삼아야 한다고 강조했습니다.

그가 제시한 교육의 목표는 단순히 기술적 지식이나 추상적

이론을 전달하는 것이 아니라, 구체적인 상황에서 올바른 판단을 내리고 행동으로 옮길 수 있는 실용적 지혜를 기르는 것이었습니다.

시민은 때로는 통치하는 사람으로서 공적 책임을 수행하고, 때로는 통치를 받는 사람으로서 법과 제도를 따르며 살아가야 하기 때문에 두 가지 역할을 균형 있게 수행할 수 있는 능력을 길러야 합니다. 교육은 개인의 완성과 자기 수양을 넘어 공동체 전체의 번영과 지속 가능성을 보장하는 필수 조건이었습니다. 아리스토텔레스는 교육을 통해 공동선을 추구하는 시민의 덕성을 키워야 비로소 정치가 정의롭고 안정적으로 유지될 수 있다고 보았습니다.

헌법을 지키되 상황에 따라 개혁하라

아리스토텔레스는 헌법을 단순한 규범이 아니라 국가의 형태와 성격을 결정짓는 근본 틀로 보았습니다. 따라서 헌법이 바뀌면 국가의 정체성 자체가 달라진다고 강조했습니다. 그렇다고 해서 그는 헌법을 절대 불변의 것으로 여긴 것은 아니었습니다. 시대와 사회가 변하면 헌법도 현실에 맞게 조정되고 개혁될 수밖에 없다고 인정했습니다. 다만 그는 개정이 자의적이거나 성급하게 이루어져서는 안 된다고 경고했습니다.

그가 제시한 헌법 개정의 원칙은 세 가지였습니다. 첫째, 개정으로 얻는 이익이 그로 인한 폐해보다 분명히 커야 한다. 둘째, 급격한 변화는 사회적 혼란을 야기할 수 있기 때문에 개혁은 점진적이고 단계적으로 이루어져야 한다. 셋째, 특정 세력의 이해관계에 따라 독단적으로 추진해서는 안 되며, 광범위한 합의와 신중한 논의를 바탕으로 해야 한다.

아울러 그는 헌법을 지키는 가장 좋은 방법으로 법에 대한 존중심을 기르는 것을 들었습니다. 이것은 단순히 제도를 유지한다는 의미를 넘어 시민 개개인의 마음속에서 법을 존중하는 태도를 길러야 한다는 뜻이었습니다. 이러한 태도가 뿌리내릴 때 헌법은 안정적으로 유지되고, 동시에 사회 변화에도 유연하게 대응할 수 있는 힘을 발휘한다고 보았습니다.

덕과 행복을 추구하는 공동체를 만들어라

아리스토텔레스는 국가의 궁극적인 목적은 시민들의 행복이라고 보았습니다. 하지만 그가 말한 행복은 단순한 쾌락이나 순간적인 만족이 아니었습니다. 진정한 행복은 인간 본성을 충분히 실현하고, 각자가 지닌 잠재력을 조화롭게 발휘하는 데서 비롯됩니다. 그리고 이러한 행복은 물질적 풍요만으로는 도달할 수 없으며, 오직 덕을 실천할 때에만 이룰 수 있다고 보았습니다.

따라서 좋은 국가는 단순히 치안과 경제적 안정만 보장하는 곳이 아니라, 시민들이 덕을 기르고 실천할 수 있는 환경을 마련해야 합니다. 시민들이 서로 신뢰와 우정을 나누며, 공동선을 위해 정의를 실현하고, 지혜를 추구할 수 있는 공동체를 만드는 것이야말로 정치의 본질적 사명입니다.

'정치의 목표는 부유한 나라를 만드는 것이 아니라 행복한 나라를 만드는 것이다'라는 아리스토텔레스의 비전은 2000여 년이 넘는 세월이 흐른 오늘날에도 여전히 유효하며, 우리가 정치와 사회를 바라보는 중요한 기준입니다.

고전툰

인간은 정치적 동물이다

정치는 어른들이 하는 건데
왜 상관없는 나까지 알아야 해?
수업 시간에 딴 짓이나
해야겠다~.
다음 교시
정치와 법

정치와 상관이 없다고?
인간은 함께 결정하고,
함께 살아가는
정치적 동물이야!

아리스토텔레스!
또 애늙은이 같은 소리 한다!
나는 혼밥도 잘 한다구
혼자서도 잘 살아!
네가 혼밥하는
쌀도 너 혼자
수확한 거니?
아니잖아!

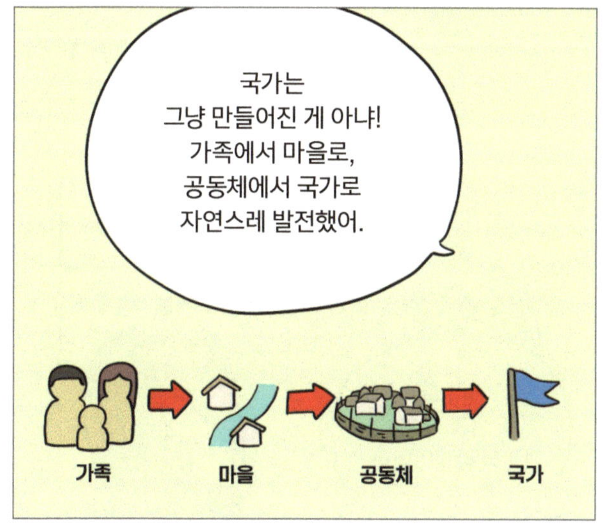

국가는
그냥 만들어진 게 아냐!
가족에서 마을로,
공동체에서 국가로
자연스레 발전했어.
가족
마을
공동체
국가

국가의 정치도
가족의 일이라고 생각하고
참여해야 진정한
시민이라고 할 수 있지!

내가 생각하는 국가의 체제 중
좋은 체제와 나쁜 체제는
이렇게 분류할 수 있는데,
GOOD
왕정, 귀족정, 공화정
BAD
참주정, 과두정, 대중독재
이거 좀
요즘과 다른
기원전 감성인데….

어쨌든, 좋은 정치는
모두를 위한 정치이고
나쁜 정치는 소수만을 위한 것!
이 사실은 변하지 않아!

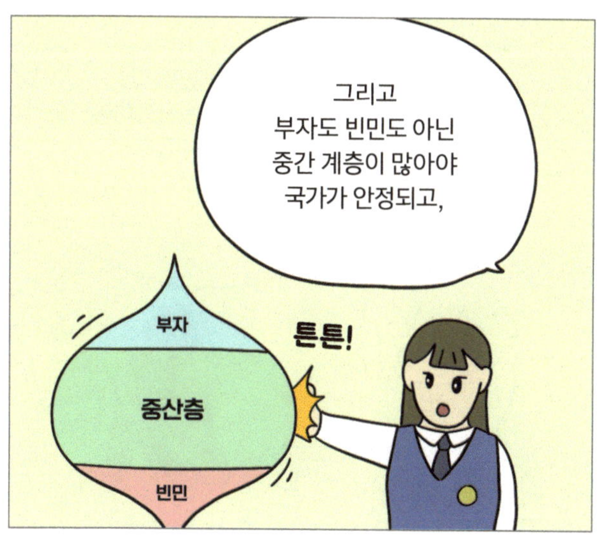

그리고
부자도 빈민도 아닌
중간 계층이 많아야
국가가 안정되고,
부자
중산층
빈민
튼튼!

법은 처벌이 목적이 아니라
사람을 덕으로 이끄는
길잡이어야 하지!
나는
준법 시민!

그럼 좋은 시민이란?
공동체를 위하는 사람이야!
반장과 친하지 않아도
나서서 교실을 청소하는 사람!

정치는 멀리 있는 게 아냐!
시간표를 잘 지키고,
청소를 깨끗이 하고,
친구들과 잘 지내는 것도
학교 질서를 유지하는 정치이지!

흐음~ 그래?
그런 공동체에서의 사소한
노력들도 정치 참여라고 한다면
훌륭한 시민이 되는 것도 어렵지
않겠군. 어디 한 번
정치 참여를 해볼까!

누가 정치를 해야 할까?

토론자

아리스토텔레스 Aristoteles B.C. 384~322
볼테르 Voltaire 1694~1778
버크 Edmund Burke 1729~1797

민주시민의 역량을 키울 수 있는 빛나는 책의 저자를 모시고 인류 역사의 쟁쟁한 지성들과 함께 토론하고 지혜를 나누는 '지혜의 광장'에 오신 것을 환영합니다. 저는 진행자 아고라입니다. 오늘 우리는 서구 정치철학의 정수인 아리스토텔레스의『정치학』을 중심으로, '누가 정치를 해야 하는가?'라는 근본적 질문에 대해 이야기 나누고자 합니다.

먼저 토론자 두 분을 간단히 소개해 드리겠습니다.

볼테르 선생님은 프랑스 계몽주의를 대표하는 철학자로, 이성과 자유, 관용의 가치를 앞세워 절대왕정과 종교적 독단에 맞섰습니다. 『철학서간』을 통해 영국의 자유로운 사상과 제도를 소개하며 프랑스 사회를 비판했고, 『관용론』에서는 종교적 편견과 박해를 날카롭게 고발했습니다. 그의 사상은 계몽주의 정신을 유럽 전역에 확산시키며, 이후 인권과 민주주의 사상의 발전에 큰 영향을 끼쳤습니다.

버크 선생님은 영국의 정치사상가이자 정치가로, 『프랑스 혁명에 대한 성찰』에서 급진적 혁명의 위험을 경고하며 전통과 점진적 개혁의 중요성을 강조했습니다. 그는 사회를 한 세대의 소유가 아닌 역사적 연속성 속의 계약으로 이해했고, 무분별한 이성의 실험보다 관습과 경험이 담긴 제도의 지혜를 중시했습니다. 그의 사상은 근대 보수주의의 기초를 세우며, 오늘날까지 보수주의 정치철학의 핵심적 토대가 되고 있습니다.

오늘 이 세 분을 한자리에 모신 이유는, 아리스토텔레스 선생님의 '중용과 시민적 덕의 정치철학', 볼테르 선생님의 '자유와 이성의 계몽주의', 버크 선생님의 '전통과 점진적 개혁의 보수주의'를 나란히 놓고 비교하기 위해서입니다. 세 분의 관점은 정치에 대한 서로 다른 해법을 제시하지만, 모두 인간 사회를 더 나은 방향으로 이끌려는 공통의 열망을 담고 있습니다.

오늘 북토크를 통해 우리는 '누가 정치를 해야 하는가?'라는 질문을 넘어, 정치가 지향해야 할 궁극적 가치와 오늘날 우리가 적용할 수 있는 교훈을 배울 수 있게 될 것입니다.

세 분의 열띤 토론을 기대합니다.

1. 시민 참여 vs 전문가 통치

아고라: 복잡해진 현대사회에서 정치적 결정을 내리려면 고도의 전문 지식이 필요하다는 목소리가 높아지고 있습니다. 동시에 전문가들의 판단이 항상 옳은 것은 아니며, 결국 시민들이 스스로 결정해야 한다는 민주주의의 원칙도 여전히 중요합니다.

하지만 현대사회에서는 많은 사람들이 정치를 전문가들에게 맡기고 자신은 경제활동이나 개인적 삶에 집중하려는 경향을 보이기도 합니다. 이런 상황에서 '모든 시민이 정치에 참여해야 하는가, 아니면 전문가에게 맡기는 것이 더 효율적인가?'라는 질문을 던집니다.

아리스토텔레스: 『정치학』을 중심으로 토론을 벌인다고 하니 설렘과 기대가 생기네요. 인간은 본성상 정치적 동물이어서 정치 참여는 선택이 아니라 필수입니다. 정치 공동체 밖에서는 진정한 인간다운 삶을 살 수 없습니다.

현대인들이 정치를 기피하는 까닭은 정치를 너무 협소하게 보기 때문입니다. 정치는 단순히 권력 다툼이 아니라 좋은 삶을 살기 위한 활동입니다. 시민들이 함께 모여 공동체의 문제를 논의하고 해결책을 찾는 과정에서 개인도 성장하고 공동체도 발전합니다.

최근 한국에서 벌어진 시민들의 자발적 정치 참여를 보십시오. 시민들이 응원봉을 들고 직접 광장에 나와 자신의 목소리를 낸 것은 매우 바람직한 일입니다. 이것이야말로 제가 말한 정치적 동물의 본성이 발현된 사례라 할 수 있습니다.

볼테르: 아리스토텔레스 선생님의 이상은 고귀하지만, 현실은 그렇게 단순하지 않습니다. 지금 한국 사회는 언론과 사상의 자유가 보장된 나라입니다. 그럼에도 시민들이 늘 현명한 판단을 내리는 것은 아닙니다. 저는 그 원인이 일부 종교 집단이나 이익집단이 왜곡된 교육과 편향된 사상을 퍼뜨린 데 있다고 봅니다.

사람들의 무지는 본성이 아니라 잘못된 교육의 산물입니다. 이에 대한 해결책은 대중을 배척하지 말고 더 많은 빛을 비추는 것입니다. 언론과 학문의 자유, 올바른 교육을 통해 거짓 대신 진실을 접하게 하면, 시민들은 충분히 스스로를 계몽할 수 있습니다. 바로 이것이 제가 일생 동안 주장해온 계몽의 정신입니다.

아고라: 볼테르 선생님의 발언을 확대해석하면 거리로 나서는 시민들의 역량을 무시한다고 말할 수도 있을 것 같은데, 버크 선생님께서는 어떻게 보시는지요.

버크: 두 분의 관점은 모두 위험한 면이 있습니다. 아리스토텔레스 선생님의 직접 민주주의는 중우정치(衆愚政治)로 이어질 수 있고, 볼테르 선생님의 계몽전제주의는 자유를 억압할 수 있습니다. 정치는 추상적 이론이 아니라 구체적 경험의 산물입니다. 수세기에 걸친 관습과 전통에는 인간의 지혜가 담겨 있습니다. 급진적 변화보다는 점진적 개선이, 이론적 완벽함보다는 실용적 효과가 중요합니다. 일례로 영국의 의회제도를 보십시오. 이것은 하루아침에 만들어진 것이 아니라 수백 년에 걸쳐 서서히 발전한 것입니다. 귀족과 평민, 전문가와 일반인이 적절히 균형을 이루며 안정적인 정치를 만들어왔습니다.

아고라: 세 분은 시민에 의한 직접 정치, 계몽된 전문가들의 간

접 정치, 직접 정치와 간접 정치를 혼합한 의회 정치 등 다양한 사례를 언급해 주셨는데요. 특히 아리스토텔레스 선생님의 좋은 삶을 위한 공동활동 개념은 독일 철학자 하버마스(Jürgen Habermas)의 공론장(公論場) 이론으로 계승되어 시민들이 숙의와 토론을 통해 정당성을 만들어가야 한다고 주장합니다. 그럼 좀 더 구체적인 사례로 들어가보겠습니다.

2. 전문성과 민주성의 딜레마

아고라: 최근 기후변화 대응이 세계적인 이슈가 되고 있습니다. 과학자들은 즉각적이고 강력한 조치가 필요하다고 주장하지만, 시민들은 경제적 부담이나 생활의 불편함 때문에 소극적인 경우가 많습니다. 이런 상황에서 전문가들의 판단을 따라야 할까요, 아니면 시민들의 의견을 존중해야 할까요?

볼테르: 기후변화 같은 문제에서는 전문가들의 판단이 우선되어야 합니다. 복잡한 기후 모델이나 탄소 순환 과정을 일반 시민이 모두 이해하기는 어렵습니다.

그렇다고 해서 시민들의 의견을 무시할 수는 없습니다. 오히려 과학적 사실을 명확히 알리고, 미신과 편견을 걷어내는 것이 정부와 지식인의 의무입니다. 계몽된 정부는 과학자들의 조언을 바탕으로 정책을 추진해야 하지만, 동시에 국민을 교육하고 설득해야 합니다. 시민들이 왜 그런 조치가 필요한지 깨닫게 될 때 정책은 단순한 강제가 아니라 합리적 동의 위에 세워질 수 있습니다.

아리스토텔레스: 볼테르 선생님의 말씀처럼 전문가의 지식은 중요합니다. 그러나 정치의 목적은 단순히 사실을 아는 데 있지 않고, 공동체 전체의 최고선(最高善)을 실현하는 데 있습니다.

기후변화가 인류의 생존을 위협한다면, 당장의 편안함을 희생하더라도 장기적 이익을 선택해야 합니다. 다만 이런 결정이 전문가들의 판단만으로 내려져서는 안 됩니다. 시민들이 충분히 이해하고 납득할 수 있도록 설득하는 과정이 필요합니다. 제가 말한 실용적 지혜는 바로 이런 상황에서 최선의 선택을 내리는 능력입니다.

그리고 정의는 단지 법을 따르는 것이 아니라, 부담과 책임을 공정하게 나누는 데 있습니다. 부유한 계층은 더 큰 책임을 져야 하고, 취약한 계층은 보호받아야 합니다.

버크: 기후위기의 문제는 오랜 시간 누적되어 생긴 것이라, 해결도 분명 오랜 시간이 걸릴 것입니다. 때문에 기후변화 대응에서

가장 위험한 것은 성급한 급진주의입니다. 복잡한 경제시스템을 하루아침에 바꾸려다가는 예상치 못한 부작용이 생길 수 있습니다. 중요한 것은 점진적이고 실용적인 접근입니다. 기존의 제도와 관습을 존중하면서 서서히 개선해나가야 합니다. 시장 메커니즘을 활용한 탄소세나 배출권 거래제 같은 방법이 정부의 직접 규제보다 효과적일 수 있습니다. 또한 지역별·산업별 특성을 고려해야 합니다. 획일적인 정책보다는 각 지역과 집단의 경험과 지혜를 반영한 다양한 접근이 필요합니다.

3. 교육과 시민의 덕목

아고라: 이번에는 화제를 아예 바꿔보지요. 세 분의 책을 읽어보면 모두 시민의 자질이 중요하다고 강조하고 계십니다. 그런데 현대 사회에서 교육은 주로 경제적 성공을 위한 수단으로 여겨지고 있습니다. 시민교육은 상대적으로 소홀히 다뤄지고 있죠. 어떤 교육이 좋은 시민을 기르는 데 필요할까요?

아리스토텔레스: 교육의 목적이 단순히 돈을 버는 기술을 가르치는 것이라면, 그것은 진정한 교육이 아닙니다. 교육의 목적은 덕을 기르는 것입니다. 특히 시민으로서 필요한 덕목들—정의, 용

기, 절제, 관용—을 기르는 것이 중요합니다.

현재 한국의 교육 시스템을 보면 너무 경쟁 중심적입니다. 학생들은 다른 사람을 이기는 것에만 집중하고, 함께 협력하는 법을 배우지 못합니다. 이런 교육을 받은 사람들이 어떻게 공동체를 위해 일할 수 있겠습니까?

진정한 시민교육은 체험을 통해 이루어져야 합니다. 학교에서부터 학생들이 직접 민주적 의사결정에 참여하고, 공동체의 문제를 함께 해결하는 경험을 쌓아야 합니다. 음악과 체육을 통해 감정을 순화하고 몸과 마음의 조화를 이루는 것도 중요합니다.

무엇보다 토론과 대화의 기술을 가르쳐야 합니다. 서로 다른 의견을 가진 사람들과 어떻게 소통하고 합의에 도달할 것인가? 이것이야말로 정치적 동물로서 가져야 할 핵심능력입니다.

볼테르: 제가 보기에 교육의 핵심은 이성을 계발하는 것입니다. 미신과 편견에서 벗어나 사물을 객관적이고 합리적으로 판단할 수 있는 능력을 기르는 것이 가장 중요합니다. 특히 비판적 사고력을 길러야 합니다. 권위에 맹목적으로 복종하지 않고, 모든 주장을 의심하고 검증하는 자세를 가져야 합니다. '감히 알려고 하라'는 칸트의 말처럼, 자신의 이성을 사용할 용기를 가져야 합니다.

이런 이성의 계발과 더불어 중요한 것은 관용입니다. 자신과 다른 종교, 다른 문화, 다른 의견을 가진 사람들을 존중하는 마음이지요. 이것이야말로 문명사회의 기초입니다.

버크: 교육에서 가장 중요한 가치는 전통과 역사를 가르치는 것입니다. 과거의 경험과 지혜를 배우지 않고서는 현재를 제대로 이해할 수 없고, 미래를 준비할 수도 없습니다. 특히 자국의 역사와 문화에 대한 깊은 이해가 필요합니다. 현실 기반 없는 급진적 보편주의보다는 구체적인 공동체에 대한 애착과 책임감을 기르는 것이 중요합니다.

예의와 품격도 가르쳐야 합니다. 이런 것들이 구식으로 여겨질 수 있지만, 수세기에 걸쳐 다듬어진 인간관계의 지혜입니다. 무엇보다 겸손함을 가르쳐야 합니다. 인간의 이성은 한계가 있고, 완벽한 사회는 불가능하다는 것을 인정하는 자세가 필요합니다. 이런 겸손함이 있어야 성급한 혁명을 피하고 점진적 개선을 이뤄낼 수 있습니다.

아고라: 역시 보수주의자답게 역사와 품격, 겸손함 등의 가치를 말씀하시네요.

4. 대의제와 직접 민주주의

아고라: 현대 민주주의는 대부분 대의제를 채택하고 있습니다. 하지만 디지털 기술의 발달로 직접민주주의의 가능성도 다시 주목받고 있습니다. 어떤 방식이 더 바람직할까요?

아리스토텔레스: 모든 시민이 직접 참여하는 것이 가장 좋습니다. 제가 살았던 아테네에서는 시민들이 아고라에 모여 직접 토론하고 결정했습니다. 이런 과정에서 시민들은 정치적 덕목을 기르고 공동체 의식을 발전시킬 수 있었습니다.

오늘날처럼 국가 규모가 커진 현실에서는 직접민주주의보다는 대의제가 불가피했다고 봅니다. 하지만 디지털 기술의 발달은 상황을 새롭게 바꿔놓고 있습니다. 온라인 플랫폼과 전자투표를 통해 더 많은 시민이 의사결정에 참여할 수 있는 길이 열리고 있습니다. 아테네의 아고라가 디지털 공간으로 옮겨온 것 같습니다.

그러나 디지털 공간은 선동과 가짜뉴스, 집단적 감정 폭발에 취약하기 때문에, 시민들이 충분한 정보를 바탕으로 숙의(熟議)하는 과정이 중요합니다. 디지털 기술은 도구일 뿐, 그 도구가 공동선을 위해 쓰이도록 만드는 것은 결국 시민들의 지혜와 제도의 설계에 달려 있습니다.

볼테르: 직접민주주의는 이론적으로는 아름답지만 현실적으로는 위험합니다. 대중은 감정에 휩쓸리기 쉽고, 복잡한 문제를 단순화하려는 경향이 있습니다. 영국의 브렉시트 국민투표를 보십시오. 복잡한 경제적·정치적 문제를 단순한 찬반으로 결정하려다가 얼마나 큰 혼란이 일어났습니까?

대의제에서 중요한 것은 현명하고 계몽된 대표자들을 선출하는 것입니다. 이들은 전문적 지식을 가지고 있으면서도 공익을 추구하는 사람들이어야 합니다. 디지털 기술은 정보 제공과 의견 수렴에는 유용하지만, 최종 결정은 여전히 전문가들이 내리는 것이 좋습니다. 온라인 여론조사나 시민 패널 등을 통해 민의를 파악하되, 그것을 맹목적으로 따르지는 말아야 합니다.

버크: 오랜만에 볼테르 선생님과 의견이 같네요. 대의제의 가장 큰 장점은 숙고와 심의를 가능하게 합니다. 대표자들은 즉석에서 감정적으로 결정하는 것이 아니라, 충분한 시간을 가지고 다양한 관점을 검토할 수 있습니다. 영국의 하원을 보십시오. 의원들은 자신을 선출한 지역구의 이익을 대변하지만, 동시에 국가 전체의 이익도 고려해야 합니다. 이런 긴장 관계 속에서 균형 잡힌 결정이 나올 수 있습니다. 직접민주주의는 급진적 변화를 부추길 위험이 있습니다. 대중은 현재의 불만에만 집중하고, 변화

의 부작용을 충분히 고려하지 않는 경우가 많습니다. 대의제는 이런 성급함을 완충하는 역할을 합니다.

아고라: 이 문제에 대해서는 직접민주주의를 강조하셨던 아리스토텔레스 선생님도 조금은 양보하는 듯하네요. 고대 폴리스에 비해 현대 시민사회가 훨씬 규모도 크고, 이해관계도 복잡하며, 다양한 정치적 견해들이 존재한다는 것을 염두에 두신 것 같습니다.

5. 정치적 갈등과 타협

아고라: 그럼 이 문제는 어떻습니까? 현대사회에서는 이념적·세대적·지역적 갈등이 심화되고 있습니다. 정치적 양극화로 인해 대화와 타협이 어려워지고 있죠. 이런 갈등을 어떻게 해결해야 할까요?

볼테르: 제가 먼저 말해도 될까요? 방금 전 교육 문제를 말하면서도 강조했지만, 갈등 해결의 핵심은 관용입니다. 자신과 다른 의견을 가진 사람을 인정하고 존중하는 마음이 있어야 합니다. '나는 당신의 의견에 동의하지 않지만, 당신이 그 의견을 말할 권리는 목숨을 걸고 지키겠다'는 자세가 필요합니다. 종교전쟁으로

피폐해진 유럽이 어떻게 평화를 찾았는지 생각해보십시오. 서로 다른 종교를 인정하고 공존하는 법을 배웠기 때문입니다. 정치적 갈등도 마찬가지입니다. 관용적 태도와 함께 이성적 토론을 해야겠지요. 감정적 대립이나 인신공격 대신 사실과 논리에 기반한 토론 말입니다.

이성적 기관이라고 할 수 있는 언론의 역할도 중요합니다. 선정적인 보도보다는 균형 잡힌 정보를 제공해야 합니다. 언론이 제 역할에 충실할 때 편견과 선입견에서 벗어나 객관적으로 현실을 볼 수 있는 능력도 길러질 것입니다

버크: 제가 보기에 정치적 갈등은 대부분 성급한 변화 시도에서 비롯됩니다. 기존 질서를 하루아침에 뒤바꾸려고 하면 필연적으로 저항과 반발이 생깁니다. 해결책은 점진적 개혁입니다. 급진적 변화보다는 기존 제도를 서서히 개선해나가는 것이 갈등을 줄이는 방법입니다. 혁명보다는 개량이, 파괴보다는 보수가 더 지혜로운 선택입니다.

오랜 경험의 지혜가 담긴 전통과 관습을 존중해야 합니다. 요즘 젊은 세대들은 오래된 지혜를 낡은 것이라고 무시하는 경향이 있습니다. 무조건 낡은 것으로 치부하지 말고, 그 안에 담긴 소중한 가치를 인정해야 합니다. 또한 지역적·문화적 다양성을

인정해야 합니다. 획일적인 기준을 강요하기보다는 각 지역과 집단의 특성을 존중하는 것이 갈등을 줄이는 방법입니다.

아고라: 버크 선생님은 젊은 세대에게 지지받기는 힘드시겠는데요? (웃음)

아리스토텔레스: 버릇없는 젊은이들에게 욕먹는 것은 오래된 전통인가 봅니다. (웃음) 갈등 자체가 나쁜 것은 아닙니다. 서로 다른 이익과 관점이 충돌하는 것은 자연스러운 일입니다. 중요한 것은 그 갈등을 건설적으로 해결하는 방법을 찾는 것입니다. 제가 강조한 중용의 지혜가 여기서 중요합니다. 극단을 피하고 중간 지점을 찾는 것, 서로의 입장을 이해하고 공통분모를 찾는 것이 필요합니다. 특히 중간계급의 역할이 중요합니다. 이들은 극단적인 입장보다는 온건하고 실용적인 해결책을 선호하기 때문에 사회 통합의 중심 역할을 할 수 있습니다.

아고라: 오늘도 아주 유익한 시간이었습니다. 마지막으로 아리스토텔레스 선생님께 정리 발언의 기회를 드리고자 합니다.

아리스토텔레스: 오늘 많이 배웠습니다. 볼테르 선생님의 이성주

의와 버크 선생님의 보수주의는 언뜻 제 사상과 다른 것처럼 보이지만, 실제로는 모두 인간의 정치적 본성을 인정하는 것입니다. 그런 의미에서 정치에 혐오를 느끼는 분들은 자신의 본성을 해치는 것과 같습니다. 정치는 더러운 것이 아니라 가장 고귀한 활동입니다. 정치를 통해서만 우리는 개인의 한계를 넘어서 공동체의 일원으로서 완전한 인간이 될 수 있습니다.

볼테르 선생님께서 강조하신 이성의 중요성에 깊이 공감합니다. 하지만 이성도 혼자서는 발달할 수 없습니다. 다른 사람들과의 토론과 대화를 통해서만 진정한 지혜에 도달할 수 있습니다. 이것이 정치적 동물의 본질입니다.

버크 선생님께서 말씀하신 전통과 경험의 지혜도 중요합니다. 하지만 전통도 결국 과거 세대들의 정치적 참여를 통해 만들어진 것입니다. 우리도 미래 세대를 위해 새로운 전통을 만들어가야 할 책임이 있습니다.

청년 여러분은 디지털 기술을 통해 전 세계 사람들과 소통할 수 있는 놀라운 능력을 가지고 있습니다. 이 능력을 단순한 오락이나 소비를 위해서만 사용하지 마십시오. 더 나은 세상을 만들기 위한 정치적 도구로 활용하십시오. 정치적 동물이 된다는 것은 권력을 추구한다는 뜻이 아닙니다. 공동체의 일원으로서 책임을 지고, 다른 사람들과 함께 좋은 삶을 추구한다는 뜻입니다.

마지막으로, 제가 강조했던 중용의 지혜를 잊지 마십시오. 극단을 피하고, 다양한 관점을 존중하며, 대화와 타협을 통해 해결책을 찾아가는 것이 바로 성숙한 정치적 동물의 모습입니다.

6. 정치적 동물의 현대적 의미

아고라: 우리는 2300여 년의 시간을 넘나들며 정치 참여와 시민의 역할에 대해 깊이 있는 대화를 나누었습니다. 오늘 토론을 통해 우리가 확인한 것은 정치 참여의 형태는 시대에 따라 변할 수 있지만, 그 본질적 가치는 변하지 않는다는 점입니다. 고대 그리스의 아고라에서 현대의 디지털 플랫폼까지, 인간은 계속해서 함께 모여 공동의 문제를 논의하고 해결책을 찾아왔습니다. 전문성과 민주성, 효율성과 참여성, 개인의 자유와 공동체의 책임, 변화와 안정. 이런 가치들 사이의 긴장은 앞으로도 계속될 것입니다. 하지만 바로 그 긴장 속에서 정치는 발전해왔고, 앞으로도 발전해갈 것입니다.

오늘 나눈 이야기들은 단지 과거의 사상이 아니라, 지금 우리가 마주한 기후위기, 교육, 정치 혐오, 갈등의 문제와도 깊이 연결되어 있습니다. 아리스토텔레스가 말한 '정치적 동물'은 단지 투표하는 시민이 아니라, 함께 말하고, 판단하고, 공동선을 고민하는 존재였습니다.

마지막으로 청중들께 질문하면서 '지혜의 광장' 마치겠습니다.

"당신은 어떤 시민이 되고 싶은가요?"

❶ 공동체 안에서 덕을 실천하고, 시민교육을 통해 공동선을 추구하는 시민 – 아리스토텔레스형

❷ 권위와 편견에 맞서 이성과 비판 정신으로 자유와 표현의 권리를 지키는 시민 – 볼테르형

❸ 급진적 혁신보다 전통과 경험을 존중하며, 점진적이고 신중한 개혁을 추구하는 시민 – 버크형

만약 법을 집행하는 사람이 법을 따르지 않고, 법을 제멋대로 이용해 권력을 행사한다면 어떨까요? 그 결과 부자와 권력자에게는 법이 솜방망이처럼 약하게 적용되고, 가난한 사람과 약자에게는 쇠망치처럼 무겁게 내려진다면 어떨까요? 법을 무시하거나 파괴하려는 일이 벌어진다면, 그리고 법집행이 국민주권의 정신을 짓밟으며 특정 세력에게만 유리하게 사용된다면 우리는 어떻게 해야 할까요?

 법은 만인에게 똑같이 적용돼야 한다고 법치를 주장했던 사상가 한비자를 만나러 가보시죠.

한비자
「한비자」

법으로 다스려라, 감정은 내려놔라

한비자, 당신은 누구?

　한비자(韓非子, B.C. 280경~233경)는 중국의 전국시대 말기 한(韓)나라 왕족 집안에서 태어났습니다. 한나라는 전국칠웅 중 가장 약소국이어서 강대국들의 침입을 받아야 했고, 생존을 위해 때로는 조공을 바치며 굴욕을 감수해야 했습니다. 이런 안간힘을 써야 하는 현실을 지켜본 한비자는 어려서부터 강국의 필요성을 절감했습니다.

　젊은 시절 한비자는 제나라의 직하학궁(稷下學宮)에서 공부했습니다. 직하학궁은 제나라 수도의 성문인 직문(稷門) 근처에 있던 학술기관으로, 전국시대 최고의 지식인들이 모여 자유롭게 토론하고 연구했습니다.

　한비자는 순자(荀子)의 제자가 되어 유학을 배웠습니다. 순자

는 공자, 맹자와 함께 진나라 이전 시기
유학의 대표적 학자입니다. 특히 성악설
(性惡說)을 주장하며 유학 내부에서도
독특한 노선을 걸었습니다. '인간의 본
성은 악하다. 선한 것은 인위적인 노력
의 결과'라는 것이 순자의 기본 입장이
었습니다. 순자의 성악설은 맹자의 성선
설(性善說)과는 정반대의 인간관이며,
한비자의 사상 형성에 결정적 영향을 미쳤습니다.

후대 사람이 상상으로 그린 한비자.

순자는 인간의 본성이 악하다면 도덕적 교화만으로는 사회 질
서를 유지할 수 없기 때문에 법과 제도를 통한 강제적 통제가 필
요하다고 생각했습니다.

한비자가 살았던 전국시대 말기는 그야말로 약육강식의 시대
였습니다. 춘추시대에 100여 개가 넘었던 제후국들이 7개의 강
국만 남아 치열한 패권 경쟁을 벌이고 있었습니다. 수십만 명이
한 번의 전투에서 죽기도 하고, 약한 나라는 언제든 멸망할 수
있었습니다.

춘추시대까지만 해도 전쟁에는 일정한 규칙이 있었습니다. 예
를 들어 적이 진을 치기 전에는 공격하지 않는다든지, 상대방 군

주를 직접 해치지는 않는다든지 하는 암묵적 합의가 있었습니다. 하지만 전국시대에는 그런 규칙이 모두 사라졌습니다. 오직 승리만이 중요했고, 승리를 위해서는 어떤 수단도 정당화되었습니다.

전통적인 질서는 완전히 무너졌습니다. 이런 현실 앞에서 전통적인 유가 사상은 무력해 보였습니다. 공자의 인(仁), 맹자의 의(義)는 이상적으로 들렸지만, 현실에서는 통하지 않았습니다. 인의를 강조하는 나라는 오히려 약해졌고, 권모술수를 쓰는 나라가 강해졌습니다.

춘추전국시대 도성의 전경.

한비자 이전에도 법가(法家) 사상의 선구자들이 있었습니다. 가장 대표적인 인물이 상앙(商鞅)입니다. 상앙은 진나라에서 토지제 개혁, 병농일치제 등 강력한 개혁을 단행했고, 한 사람이 죄를 지으면 가족과 이웃까지 처벌받는 연좌법도 도입했습니다. 상앙은 진나라를 강국으로 만들었지만, 그 자신은 비참한 최후를 맞았습니다. 상앙을 후원했던 효공이 죽자 새로운 왕은 그를 반역자로 몰아 처형했습니다. 상앙은 자신이 만든 법에 의해 죽임을 당했습니다. 이는 법가 사상가들의 비극적 운명을 상징하는 사건이었습니다.

또 다른 법가 사상가들로는 신불해(申不害)와 신도(慎到)가 있습니다. 신불해는 한나라의 재상으로 '술(術)'을 강조했습니다. '술'은 군주가 신하들을 통제하는 기술입니다. 신불해는 군주가 자신의 의도를 숨기고, 신하들의 말과 행동을 비교하여 거짓을 가려내는 방법을 체계화했습니다. 신도는 '세(勢)'를 강조했습니다. '세'는 권위와 지위에서 나오는 힘입니다. 신도는 "현명한 사람이 아래에 있으면 아무것도 할 수 없지만, 어리석은 사람이라도 위에 있으면 천하를 다스릴 수 있다"고 말했습니다. 개인의 능력보다는 제도와 지위의 중요성을 강조한 것입니다.

한비자는 상앙의 법, 신불해의 술, 신도의 세를 통합하여 종합적인 법가 사상을 완성했습니다.

한비자가 직하학궁에서 공부를 마치고 돌아왔을 때 한나라의 현실은 절망적이었습니다. 한나라는 날로 약해져 가고 있었고, 특히 서쪽의 진나라는 계속해서 한나라의 영토를 잠식해 들어오고 있었습니다. 한나라의 영토는 계속 줄어들었고, 수도까지 위협받는 상황이었습니다.

한비자는 이런 위기 상황을 타개하기 위해 여러 차례 왕에게 개혁안을 올렸습니다. 한나라가 살아남으려면 반드시 법치를 통한 부국강병을 이루어야 한다고 주장했고, 개혁안은 매우 구체적이었습니다.

하지만 한왕은 우유부단했고, 자신들의 이익이 침해될 것을 우려한 기득권 세력들이 한비자의 개혁안을 강력히 반대했습니다. 특히 귀족들은 그를 위험한 인물로 여겼습니다. 유학자들도 법으로만 다스리려 하면 백성들이 원망할 것이라고 비판했습니다. 좌절한 그는 직접적인 정치 활동을 하지 않고 저술에 몰두하여 법가 사상을 집대성한 『한비자』를 세상에 내놓게 됩니다.

한비자의 사상은 조국 한나라에서는 받아들여지지 않았지만, 진나라 왕(후의 진시황)은 『한비자』를 읽고 깊은 감명을 받았다고 전해집니다. 진왕이 한비자의 사상에 매료된 이유는 명확했습니다. 진나라는 이미 상앙의 변법을 통해 법치국가의 기초를 다져

놓았지만, 아직 체계가 부족했습니다. 천하통일이라는 대업을 앞둔 진왕에게 한비자의 사상은 진나라의 현실과 완벽하게 부합했고, 그의 중앙집권론은 매우 매력적으로 보였습니다. 하지만 진왕이 한비자를 직접 만날 기회는 쉽게 오지 않았습니다. 한비자는 한나라의 왕족이었고, 두 나라는 적대 관계였기 때문입니다.

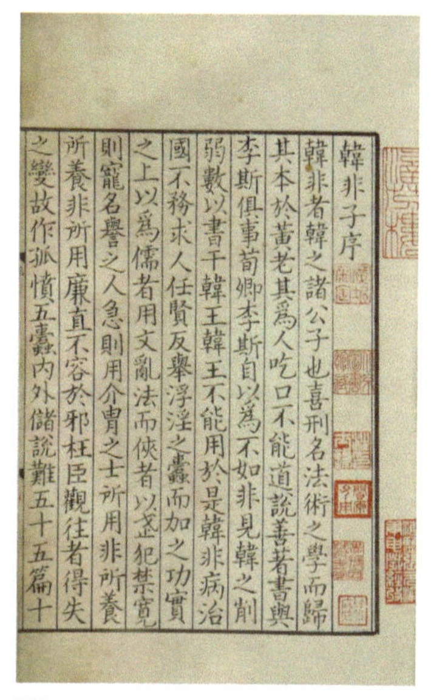

『한비자』 초기 필사본.

B.C. 233년경 진나라가 한나라를 압박하며 수도까지 위협하는 상황이 벌어지자, 한나라는 절체절명의 위기에 처했습니다. 급히 대책을 논의한 한왕은 결국 한비자를 사신으로 진나라에 보내기로 결정합니다.

한비자에게는 복잡한 감정을 불러일으키는 임무였습니다. 한편으로는 자신의 이론을 실현할 수 있는 기회였지만, 다른 한편으로는 조국을 배신하는 것처럼 보일 수도 있는 위험한 모험이었습니다. 하지만 그는 임무를 받아들였습니다. 진왕을 설득하여 한나라를 구할 수 있다고 생각했습니다.

진나라에 도착한 한비자는 진왕의 열렬한 환대를 받았고, 한비자의 해박한 지식과 통찰력에 감탄한 진왕은 그를 중용하려는 생각을 품었습니다.

하지만 이를 시기하는 사람이 있었습니다. 바로 한비자와 함께 순자의 제자였던 이사(李斯)였습니다. 이사는 이미 진나라의 재상 자리에 올라 있었는데, 한비자가 등용되면 자신의 지위가 위험해질 것을 우려했습니다.

이사는 진왕에게 한비자를 모함합니다. '한비자는 한나라 왕족입니다. 대왕께서 천하를 통일하시면 그는 필연적으로 한나라를 위해 일할 것입니다. 이는 인지상정입니다. 지금 그를 중용하는 것은 호랑이를 기르는 것과 같습니다. 언젠가는 대왕을 해칠 것입니다.'

이사의 말에는 일리가 있었습니다. 아무리 한비자가 뛰어난 사상가라고 해도, 그는 결국 한나라 사람이었습니다. 진나라가 한나라를 멸망시키려 할 때 과연 그가 진나라 편에 설 수 있을까 하는 의문이 들 수밖에 없었습니다. 진왕은 이사의 말에 흔들렸습니다. 진왕은 한비자의 재능을 높이 평가했지만, 동시에 그를 완전히 신뢰할 수는 없었습니다. 결국 진왕은 이사의 모함에 흔들려 한비자를 감옥에 가두었고, 이사는 그가 변명할 틈을 주지 않기 위해 독약을 보내 자살을 강요했습니다. 한비자는 마지막까지 자신의 무죄를 주장했지만, 아무도 그의 말을 들어주지 않았고, 47세의 나이로 옥중에서 비참하게 생을 마감했습니다.

하지만 한비자의 사상은 죽지 않았습니다. 이사는 그를 제거한 후 오히려 그의 이론을 적극적으로 활용했습니다. 이것은 이사의 기회주의적 성격을 보여주는 동시에, 한비자 사상의 실용성을 증명하는 것이기도 했습니다.

이사는 한비자의 법가 사상을 바탕으로 진나라의 개혁을 추진했습니다. 군현제, 법률 통일, 문자 통일, 도량형 통일 등은 모두 중앙집권적 법치국가의 구현이었습니다. 특히 '법 앞의 평등' 원칙은 진나라의 통치 이념이 되었습니다.

『한비자』 핵심 쏙쏙!

『한비자』는 동양 정치사상사에서 가장 현실주의적이고 체계적인 법치론입니다. 한비자는 인간을 이기적이고 변덕스러운 존재로 보았고, 군주는 이를 통제하기 위해 반드시 법(法)·술(術)·세(勢)를 활용해야 한다고 강조했습니다. 그의 사상은 중앙집권적 통치체제를 정당화하며, 진시황이 천하통일을 이루는 데 이론적 기반이 되었습니다. 도덕이나 인의보다 제도와 권력을 중시한 그의 법가적 통찰은 절대군주제의 원리로 발전했고, 권력과 제도의 관계를 깊이 성찰한 고전으로 오늘날에도 중요한 정치철학적 의미를 깨우쳐줍니다.

인간은 본성상 이익을 추구하는 이기적 존재다

한비자는 인간의 본성이 절대 변하지 않는다고 보았습니다. 그래서 사람의 행동을 바꾸려면 도덕이나 선한 마음에 기대지 말고 반드시 제도와 규범으로 통제해야 한다고 주장했습니다. 그가 제시하는 첫 번째 핵심 원칙은 '인간의 본성을 있는 그대로 받아들여라'입니다. 부모와 자식 간에도 이해관계가 있고, 부부 사이에도 계산이 숨어 있는데, 군주와 신하 사이에 진정한 충성이나 사랑이 있을 리 없다고 본 것입니다. 그는 심지어 '부모가 자식을 사랑하는 것도 노후에 의지할 존재이기 때문'이라고 말했습니다. 이처럼 한비자는 인간관계의 이면에 자리한 이익 계산을 날카롭게 지적하며, 현명한 군주는 '상벌(賞罰)'이라는 확실한 수단만으로 신하와 백성을 다스려야 한다고 강조했습니다.

법으로 다스리고 덕으로 다스리지 말라

한비자의 모든 주장은 '어떻게 하면 효과적으로 나라를 다스릴 수 있는가?'라는 실용적인 물음에서 출발합니다. 그는 공자와 맹자가 주장한 덕치주의를 정면으로 비판했습니다. 덕으로 다스리는 것은 이상적으로 들리지만, 현실에서는 통하지 않는다는 것입니다

한비자가 제시한 국가 경영의 철학은 바로 법치주의입니다. 그

는 '법은 귀한 자와 천한 자를 가리지 않는다'며, 법 앞에서 모든 사람은 평등하다고 주장했습니다. 왕족이든 평민이든, 공신이든 일반 백성이든 예외 없이 같은 기준이 적용되어야 한다는 것입니다. 이는 당시로서는 혁명적인 사상이었습니다.

그는 또 이렇게 강조했습니다.

"현명한 군주는 대신이라 해서 죄를 용서하지 않고, 평민이라 해서 상을 빼앗지 않는다."

"상은 반드시 공이 있는 자에게 주고, 벌은 반드시 죄 있는 자에게 내린다."

이 말은 법의 공정성과 일관성을 드러내며, 군주가 사사로운 감정이 아닌 객관적 규범으로 나라를 다스려야 한다는 것을 보여줍니다.

상과 벌을 확실히 하여 백성을 통제하라

이러한 법치주의를 바탕으로, 한비자는 통치의 핵심을 '상벌'에서 찾았습니다. 인간은 본능적으로 이익을 좇고 손해는 피하려 하기 때문에, 상과 벌을 적절히 활용하면 효과적으로 행동을 통제할 수 있다는 것입니다.

상과 벌은 반드시 확실해야 합니다. 약속한 상을 주지 않으면 백성들은 더 이상 노력하지 않고, 예고한 벌을 내리지 않으면 법을 무시하게 됩니다. 그래서 한비자는 "작은 공이라도 반드시 상을 주고, 작은 죄라도 반드시 벌을 내려야 한다"고 강조했습니다.

신하를 믿지 말고 제도로 통제하라

"신하는 모두 자기 이익을 위해 움직이니, 군주가 방심하면 권력을 빼앗긴다."

"신하는 겉으로는 군주를 위해 일하지만, 실제로는 사리사욕을 추구한다."

신하들은 겉으로는 충성하는 척하지만, 속으로는 권력을 노리고 있다고 봤습니다. 따라서 현명한 군주는 신하들의 충성심을 믿지 말고, 제도적 장치를 통해 그들을 통제해야 합니다.

그가 제시한 신하 통제법은 '술(術)', 즉 통치 기술입니다. 술이란 신하들이 군주를 속이지 못하도록 하는 방법입니다. 첫째, 신하의 말과 행동이 일치하는지 살펴야 합니다. 둘째, 여러 신하의 보고를 서로 비교해 거짓을 가려내야 합니다. 셋째, 신하들끼리 서로 견제하게 만들어야 합니다. '현명한 군주는 신하들이 서로를 감시하게 만들어, 누구도 거짓을 꾸밀 수 없게 한다'는 한비자의 말은 견제와 균형의 원리와 통하는 생각입니다.

권위와 위엄으로 절대권력을 확립하라

한비자는 군주가 가져야 할 가장 중요한 것으로 '세(勢)'를 꼽습니다. 세는 권위와 위엄, 그리고 지위에서 나오는 힘을 뜻합니다. 그는 아무리 현명한 사람도 지위가 없으면 아무것도 할 수 없지만, 평범한 사람이라도 군주의 자리에 앉으면 천하를 다스릴 수 있다고 강조합니다.

"호랑이가 개를 이길 수 있는 것은 발톱과 이빨 때문이지만, 호랑이가 백수의 왕인 것은 위엄 때문이다."

군주의 힘도 개인적 능력보다는 지위와 권위에서 비롯된다는 겁니다.

따라서 군주는 권위를 잃지 않도록 항상 조심해야 합니다. 신하들과 너무 가까워져서는 안 되고, 자신의 속마음을 함부로 드러내서도 안 됩니다. 그는 '군주는 신하들이 자신을 두려워하게 만들어야 하지, 사랑받으려 해서는 안 된다'고 주장했는데, 이것은 훗날 마키아벨리가 말한 정치철학과 놀라울 만큼 닮아 있습니다.

법·술·세를 종합하여 완전한 통치체제를 구축하라

한비자는 이전 법가 사상가들의 사상을 종합하여 하나의 완성된 통치론을 제시했습니다. 상앙의 '법', 신불해의 '술', 신도의 '세'를 하나로 결합한 것입니다. 이 세 요소가 모두 갖춰져야만 안정적이고 효과적인 통치가 가능하다고 보았습니다.

법만 있고 술과 세가 없으면 신하들이 법을 악용할 수 있습니다. 술만 있고 법과 세가 없으면 개인적 기교에 머무를 뿐입니다. 세만 있고 법과 술이 없으면 결국 폭정으로 흐르게 됩니다.

그래서 한비자는 이렇게 정리했습니다.

'현명한 군주는 법으로 기준을 세우고, 술로 신하를 통제하며, 세로 권위를 유지한다.'

그의 종합적 통치론은 절대군주제의 이론적 토대를 마련한 셈이었습니다.

변화하는 시대에 맞는 새로운 통치법을 만들어라

한비자는 보수적인 유가와 달리 "시대가 바뀌면 통치법도 달라져야 한다"며 변화의 필요성을 강조했습니다. 고대의 성군(聖君)들이 훌륭했다고 해서, 그들의 방식을 그대로 답습해서는 안 된다는 것입니다.

그는 옛날에는 사람이 적고 재물이 많았지만, 지금은 사람이 많고 재물이 적기 때문에 옛날의 덕치주의는 더 이상 통하지 않고, 새로운 시대에는 법치주의가 필요하다고 주장했습니다. 현명한 군주는 옛것을 본받지 않고 새것을 창조한다는 한비자의 말은 개혁과 혁신의 중요성을 보여주는 대표적인 구절입니다.

감정에 따르지 말고 법을 따르라

정치는 감정으로 하는 게
아니라 구조를 잘 짜야해!
잘 해줄 생각 말고, 먼저
시스템부터 짜야 한단다.

인간은 본래 이기적이야.
저마다 자신의 이익만을
추구하는 게 냉정한
현실이지!
내 인간관계가
먼저!
내 시험점수가
먼저!

그런 이기적인 인간은
덕보다는 법(法)으로
다스려야 하지!
칼 같은 상벌을 내리는 법이
유능한 리더를 만든단다.
法

그리고 술(術)!
사람들의 감정을 읽고,
스스로 움직이게 만드는
기술을 익혀야 구성원들을
통솔할 수 있지.
術

그리고 세(勢)!
권세와 힘은 네 사람됨이 아니라
회장 자리의 위력에서 나온단다.
이 세를 적극 이용해
법과 술을 운용하도록!

네 세를 보고
아첨하는 사람들이 많을 것이야,
절대 홀리지 말고
그들의 실적을 따져야 한다.
회장!
우리 부실
더 넓은 곳으로
안될까?
교내 정화활동 3회
누적 상점 21점
학우들의 평가 中
선생님들의 평가 高

그렇게 실적을 따져본 뒤
잘한 사람에게는 명확한 보상을!
잘못한 사람에게는
합당한 벌을!
모범학생 보상
상점 10점
불량학생 경고
벌점 10점

이때 감정이 들어가면 안 돼.
법에 예외는 없어!
친한 친구라고 봐주면
법과 규칙은 무너진단다.

그렇게 구조를 구축하면
알아서 돌아갈 거야.
좋은 리더는 자신이 없어진 뒤에도
작동하는 시스템을 구축한단다.

이처럼
사람을 믿지 말고
법을 구축하고,
제도로 이끌도록 하거라!

법으로 다스려야 하나,
마음으로 이끌어야 하나?

토론자	**한비자** 韓非子 B.C. 280경~233경 **노자** 老子 B.C. 6세기경 **정약용** 丁若鏞 1762~1836

민주시민의 역량을 키울 수 있는 빛나는 책의 저자를 모시고 인류 역사의 쟁쟁한 지성들과 함께 토론하고 지혜를 나누는 '지혜의 광장'에 오신 것을 환영합니다. 저는 진행자 아고라입니다. 오늘 우리는 중국 법가 사상을 집대성한 한비자의 『한비자』를 중심으로, '사회를 다스리는 데 있어 법과 덕 중 무엇이 더 중요한가?'라는 근본적 질문에 대해 이야기 나누고자 합니다.

먼저 토론자 두 분을 간단히 소개해드리겠습니다.

노자 선생님은 도가사상의 창시자로 전해지며, 그의 사상은 『도덕경』에 집약되어 있습니다. 인위적인 법과 제도보다 도(道)에 따른 자연스러운 질서를 중시했고, 인간과 사회가 억지로 무엇을 하려 하기보다 무위자연(無爲自然)의 원리에 따라 조화롭게 살아야 한다고 보았습니다. 이러한 철학은 권력과 욕망을 절제하고, 겸허함과 순리를 중시하는 삶의 지혜로 오늘날까지 큰 울림을 주고 있습니다.

정약용 선생님은 조선 후기 실학을 대표하는 학자로, 『목민심서』, 『경세유표』, 『흠흠신서』 등을 통해 백성의 삶을 돌보고 국가 제도를 개혁할 방안을 제시했습니다. 공리공담에 치우친 성리학을 비판하고, 유학의 도덕적 이상을 바탕으로 농업·행정·법률·과학기술을 아우르는 실용적 개혁을 추구했습니다. 그의 사상은 오늘날에도 '백성을 위한 학문'의 전형으로 평가받습니다.

오늘 이 세 분을 한자리에 모신 이유는, 서로 다른 시대와 문화를 살았지만 모두 '좋은 사회를 만드는 길은 무엇인가'라는 공통된 고민을 남겼기 때문입니다. 한비자는 법과 제도의 힘을, 노자는 자연과 덕의 조화를, 정약용은 도덕과 실용적 개혁의 균형을 강조했습니다. 세 사상의 만남을 통해 우리는 권위와 자유, 법치와 덕치, 전통과 개혁 사이의 균형을 깊이 성찰할 수 있을 것입니다. 아울러 오늘날 민주사회가 직면한 규제와 자율, 정의와 효율 같은 문제를 다시 생각하는 데도 귀중한 통찰을 얻을 수 있을 것을 기대합니다.

1. 법치 vs 덕치의 근본 원리

아고라: 최근 우리 사회는 법치주의의 완성을 위해 노력하고 있습니다. 정치적 민주화는 이루었지만, 일상생활에서 법과 원칙이 제대로 지켜지지 않는 경우가 여전히 많습니다. 특권과 예외, 정실과 연고가 법보다 우선시되는 관행들이 남아있습니다. 동시에 우리는 인간적 온정과 도덕적 가치도 소중히 여깁니다. 법으로만 해결할 수 없는 문제들이 있고, 때로는 법보다 인정이 더 중요할 수도 있습니다.

이런 딜레마 속에서 한비자의 냉혹한 현실주의와 다른 사상가들의 이상주의적 접근을 비교해보는 것은 의미가 있을 것 같습니다. 과연 사회를 다스리는 데는 법과 덕 중 무엇이 더 중요할까요?

한비자: 법이 덕보다 훨씬 더 확실하고 효과적입니다. 덕은 주관적이고 자의적이지만, 법은 객관적이고 일관성이 있습니다. 사람들은 이익을 좋아하고 해로움을 싫어합니다. 아무리 도덕적 교화를 해도 인간의 본성은 바뀌지 않습니다. 따라서 선한 행동에는 상을 주고 악한 행동에는 벌을 주는 것이 훨씬 효과적입니다.

최근 한국 사회에서 벌어지고 있는 사건들을 보십시오. 고위 공

직자들의 부패, 부자들의 특혜, 권력자들의 특권 의식 등이 문제가 되고 있습니다. 이런 문제들은 도덕적 호소로는 해결되지 않습니다. 오직 엄격한 법 적용만이 답입니다. 법 앞에 예외가 있어서는 안 됩니다.

노자: 제 책을 읽고 자신의 책에 인용한 한비자 선생님이 저와 반대되는 의견을 말하니 놀랍습니다. 한비자 선생님의 현실 인식은 이해하지만, 해결 방안에는 동의할 수 없습니다. 법이 많아질수록 오히려 범죄가 늘어납니다. 규제가 복잡해질수록 사람들은 그것을 피해가는 방법을 찾게 됩니다. 진정한 질서는 자연스러운 것입니다. 물이 아래로 흐르는 것처럼, 사람들도 본래 선한 본성을 가지고 있습니다. 다만 인위적인 제도와 욕망이 이를 가리고 있을 뿐입니다. 저는 "법령이 번거로우면 도적이 많아진다"고 말한 바 있습니다. 법보다는 자연스러운 덕이 더 중요하다는 이야기지요.

정약용: 법과 덕이 충돌하는 것일까요? 두 분의 관점은 모두 일리가 있지만, 저는 법과 덕이 상호 보완적이라고 봅니다. 법 없는

덕은 무력하고, 덕 없는 법은 폭정이 됩니다.

제가 살았던 조선 사회의 문제를 보면, 명분과 이상만 강조하고 실제 제도 개선을 소홀히 한 결과 많은 폐단이 생겼습니다. 하지만 그렇다고 해서 도덕성을 완전히 무시할 수는 없습니다. 법을 만들고 집행하는 사람들 자체가 도덕적이어야 법치가 제대로 작동할 수 있습니다. 중요한 것은 '애민(愛民)'의 정신입니다. 백성을 진정으로 사랑하는 마음에서 나온 법이어야 백성들이 따를 수 있습니다. 법이 백성이 아니라 권력자를 위한 것이라면, 그것은 진정한 법치가 아닙니다.

아고라: 정약용 선생님, 요즘 한국 사회에선 기본소득이나 건강보험 같은 제도를 둘러싸고도 많은 논쟁이 벌어지곤 합니다. 국민을 사랑하는 마음으로 만든 복지제도라면, 그 실행 과정에서도 법적 엄격함과 인정의 균형이 필요할 텐데요. 이에 대해선 어떻게 보시겠습니까?

정약용: 기본소득이나 건강보험처럼 모든 국민에게 돌아가는 복지제도는 애민정신에서 출발하는 것이 맞습니다. 그러나 저는 애민이 곧 무차별적인 베풂은 아니라고 봅니다. 복지란 그 자체가 정

의의 문제이고 실용의 문제이며, 또한 질서의 문제이기도 합니다.

제가 『경세유표』에서 강조한 것은 제도의 정비입니다. 아무리 선한 의도라도 제대로 된 법적 근거와 예산, 행정적 준비 없이 시행되면 오히려 국민을 더 힘들게 할 수 있습니다. 마치 농사를 농사를 짓겠다고 하면서도 밭을 갈지 않고 씨앗부터 뿌리는 것과 같습니다.

복지제도는 국민에게 베푸는 시혜가 아니라, 나라가 국민과 맺은 약속입니다. 그 약속이 지켜지려면, 제도도 튼튼하고, 법도 공정하고, 사람도 신뢰로 엮여야 합니다. 그럴 때 진정한 애민의 정치가 실현된다고 믿습니다.

2. 부패 척결과 도덕적 해이

아고라: 최근 우리 사회에서는 각종 부패 사건들이 연이어 터지고 있습니다. 정치인들의 금품 수수, 기업인들의 특혜 로비, 공무원들의 직무 유기 등이 반복되고 있습니다. 이런 문제를 해결하기 위해서는 어떤 접근이 필요할까요?

한비자: 엄격한 상벌제도를 적용해야 합니다. 권한이 큰 사람들에게는 더 큰 상과 벌이 따릅니다. 일벌백계의 원칙에 따라 철저하

게 진상을 규명하고 그에 따라 강력하게 처벌하는 것이 맞습니다.

정약용: 결과에 따라 상벌을 주는 것도 필요하지만 부패 척결에서 가장 중요한 것은 인사 시스템의 개혁입니다. 능력과 덕망을 갖춘 사람을 선발하고, 그들이 제대로 일할 수 있는 환경을 만들어주어야 합니다. 조선시대의 과거제도는 이론적으로는 훌륭했지만, 실제로는 문벌과 학벌 중심으로 운영되어 많은 문제가 있었습니다. 진정한 능력주의를 실현하려면 공정하고 객관적인 평가 시스템이 필요합니다.

공직자들의 처우도 개선해야 합니다. 정당한 보수를 주지 않으면서 청렴을 요구하는 것은 무리입니다. 공직자들이 품위 있는 생활을 할 수 있도록 충분한 보수를 주되, 그 대신 엄격한 책임을 물어야 합니다. 무엇보다 목민관(牧民官)으로서의 사명감을 기르는 것이 중요합니다. 공직은 백성을 섬기는 것이지, 자신의 이익을 추구하는 수단이 아닙니다.

아고라: 역시 『목민심서』를 쓰신 선생님다운 답변입니다.

노자: 인사 시스템을 아무리 잘 갖추고 있어도 그 틈을 이용하여 부패가 퍼져나갈 수 있습니다. 근본 원인을 제거해야지요. 저는

부패의 근본 원인을 과도한 욕망이라고 생각합니다. 사람들이 명예와 이익을 지나치게 추구하기 때문에 부패가 생깁니다. 욕망 자체를 줄이는 것이 근본적 해결책입니다. 먼저 통치자부터 검소하고 욕심이 없어야 합니다. 성인(聖人)은 자신을 드러내지 않으므로 빛나고, 자신을 내세우지 않으므로 드러납니다. 권력자들이 화려한 것을 좋아하고 사치하면 백성들도 따라하게 됩니다.

아고라: 부패한 권력자가 부패한 제도를 만드는 것도 만연한 현실입니다. 그렇다고 제도의 문제를 외면할 수는 없을 것 같은데요.

한비자: 맞습니다. 부패는 제도의 문제입니다. 부패할 수 있는 구조를 만들어놓고 도덕성에만 의존하는 것은 어리석은 일입니다. 사람들이 부패하지 않도록 만드는 게 아니라, 부패할 수 없도록 만들어야 합니다. 그러기 위해서는 첫째, 견제와 균형의 시스템을 만들어야 합니다. 한 사람에게 너무 많은 권한을 집중시키지 말고, 여러 사람이 서로 감시하도록 해야 합니다. 둘째, 투명성을 높여야 합니다. 모든 의사결정 과정을 공개하고 기록으로 남겨야 합니다. 셋째, 처벌을 확실하고 엄중하게 해야 합니다. 특히 고위직일수록 더 엄격하게 처벌해야 합니다. '법은 귀한 자에게 아첨하지 않고, 먹줄은 굽은 것을 곧게 한다'는 것은 바로 이런 뜻입

니다. 권력자들이 법 위에 있다고 생각하는 순간 법치는 무너집
니다.

아고라: 우리나라의 경우, 공수처를 만들어 고위공직자의 부패를
엄밀히 조사하고 엄격하게 처벌하려고 하는 것과 같은 이치군요.

3. 법의 엄격성과 인간적 배려

아고라: 앞에서 말한 상황과는 정반대의 경우도 생각해볼 수 있
을 것 같습니다. 법을 엄격하게 적용하다 보면 때로는 인간적으
로 안타까운 상황이 생기기도 합니다. 예를 들어 생계형 범죄나
불가피한 상황에서 벌어진 법 위반 등에 대해서도 예외 없이 처
벌해야 할까요? 법의 엄격성과 인간적 배려 사이에서 어떻게 균
형을 잡아야 할까요?

노자: 사회자님의 문제의식에 동의합니다. 상황에 따라 융통성
을 발휘하는 것이 진정한 지혜입니다. 인위적인 법과 제도가 많
아질수록 오히려 문제가 커집니다. 진정한 통치는 백성들의 마음
을 헤아리는 것입니다. 법조문에만 매달리지 말고, 그 법이 만들
어진 본래 취지를 생각해야 합니다. 사람을 위해 법이 존재하지,

법을 위해 사람이 존재하는 것은 아니니까요.

한비자: 외람되지만 저는 노자 선생님의 견해에 찬성할 수 없습니다. 법을 어기는 것은 마치 강둑에 구멍을 뚫는 것과 같은 것입니다. 한 번 예외를 허용하면 그것이 선례가 되어 법의 권위가 무너집니다. 오히려 법을 엄격하게 적용함으로써 범죄를 예방하는 것이 더 인도적입니다. 한 사람을 엄벌함으로써 수많은 사람들이 범죄를 저지르지 않게 된다면, 그것이 진정한 자비입니다.

아고라: 한비자 선생님, 최근 미국에서는 무관용 정책으로 마약 사범이나 범죄자에게 강력한 처벌을 내렸지만, 결과적으로는 과잉 수감 문제와 재범률 증가라는 부작용도 생겼다고 합니다. 법을 지나치게 엄격하게 적용한 부작용 아닐까요?

한비자: 저는 그 책임이 강력한 처벌 자체에 있다고 보지는 않습니다. 문제가 되는 것은 처벌의 엄격함이 아니라, 처벌의 일관성과 예측 가능성이 결여되었기 때문입니다.

작은 죄라도 반드시 처벌해야 합니다. 하지만 그것은 임의적이고 감정적인 보복이 아니라, 명확한 법률에 따라 미리 정해진 기준에 의해 공정하게 집행된다는 전제가 있어야 합니다. 미국의 사례는 법보다 정치적 메시지나 대중 감정에 따라 수위가 흔들렸기 때문에 오히려 법의 권위가 약화된 것입니다.

정약용: 법의 일관성도 중요하지만, 구체적 상황에 대한 고려도 필요합니다. 저는 『목민심서』에서 '준법(準法)'이라는 개념을 여러 번 얘기했습니다. '단순히 만들어진 법을 지킨다(遵法)'는 게 아니라, '법을 만들고 적용할 때 항상 합리적 기준과 원칙에 맞춰야 한다(準法)'는 뜻입니다.

기본적으로는 법을 엄격하게 적용하되, 특별한 사정이 있을 때는 미리 정해진 절차에 따라 감형이나 집행유예 등을 고려할 수 있도록 하는 것입니다. 이는 자의적 판단이 아니라 또 다른 법적 기준에 따른 것입니다. 예를 들어 생계형 범죄의 경우에는 범죄자의 경제적 상황, 가족부양 책임, 재범 가능성 등을 종합적으로 고려하여 처벌 수준을 조정할 수 있습니다. 하지만 이런 기준들도 미리 명문화되어 있어야 하고, 투명하게 적용되어야 합니다.

근본적으로는 생계형 범죄가 발생하지 않도록 사회 안전망을 구축하는 것이 더 중요합니다. 법으로 처벌하는 것보다는 예방하는 것이 더 바람직합니다.

4. 권력자에 대한 법 적용

아고라: 사실 생계형 범죄야 그 피해도 적지만, 고위 공직자나 거대 자본가들의 범죄는 그 규모도 크고 해악도 광범위합니다. '유전 무죄, 무전 유죄'라 외쳤던 탈주범의 외침에는 고위 공직자나 부자들이 일반인과 다른 잣대로 처벌받는다는 인식이 있습니다. 권력자에 대한 법 적용은 어떻게 이루어져야 할까요?

한비자: 유전 무죄, 무전 유죄라는 말은 나를 분노하게 합니다. 법 앞에서는 모든 사람이 평등해야 하고, 오히려 권력자는 더 높은 도덕적 기준을 요구받아야 합니다. 이것이야말로 법치의 핵심입니다. 권력자들이 법 위에 있다고 생각하는 순간 법치는 무너집니다. 오히려 권력자일수록 더 엄격하게 처벌해야 합니다. 진나라가 천하를 통일할 수 있었던 것도 바로 이런 원칙 때문이었습니다. 태자가 법을 어겼을 때도 예외 없이 처벌했기 때문에 모든 백성이 법을 두려워하게 되었습니다.

노자: 관점을 달리해볼까요? 권력이 아무리 커도 큰 범죄를 저지를 수 없는 구조를 상상해보는 겁니다. 권력자 개인에 대한 엄벌도 중요하지만, 더 근본적인 해법은 권력 자체를 분산시키는 데 있습

니다. 권력이 한 곳에 집중되면 부패는 필연적으로 뒤따릅니다.

진정한 리더는 모든 것을 직접 쥐려고 하지 않습니다. 오히려 권한을 나누고, 견제와 균형이 작동하도록 제도를 설계하는 것이 훨씬 더 지혜로운 길입니다.

정약용: 저는 법 적용에 앞서 공직자의 자세를 떠올립니다. 저는 "벼슬아치는 백성의 부모"라고 말한 바 있습니다. 부모가 잘못을 저지르면 자식이 깊은 상처를 입는 것처럼, 권력자의 부패와 비리는 결국 국민에게 고통으로 돌아옵니다. 그래서 권력자에 대한 법 적용에서 가장 중요한 것은 투명성과 공정성입니다. 수사와 재판은 은밀히 진행될 것이 아니라, 국민 모두가 지켜볼 수 있도록 공개적으로 이루어져야 합니다. 그래야만 정의가 살아 있고 법에 대한 신뢰가 유지될 수 있습니다.

5. 전통과 현대적 법치의 조화

아고라: 정약용 선생님이 『목민심서』를 쓰실 때 우리나라는 임금을 모시는 유교사회였지만, 지금은 대통령을 국민들이 직접 뽑는 민주사회입니다. 그래서 요즘은 누구도 대통령이나 공직자를 부모라고 생각하지 않지요. 그래서 드리는 질문인데, 전통적 가

치와 현대적 법치주의를 어떻게 조화시킬 수 있을까요?

한비자: 제가 『한비자』를 쓸 때의 문제의식과도 상통하네요. 전통이라는 것도 그 시대에 맞는 것이었기 때문에 의미가 있었던 것입니다. 시대가 바뀌면 제도와 가치관도 바뀌어야 합니다.

유교의 인의(仁義)나 예악(禮樂)은 소규모 농업 사회에서는 효과적이었을지 모르지만, 복잡한 현대사회에서는 한계가 있습니다. 수백만, 수천만 명이 함께 사는 거대한 사회에서는 개인적 관계보다는 객관적 제도가 더 중요합니다. 물론 전통을 완전히 무시하자는 것은 아닙니다. 하지만 전통도 법의 테두리 안에서 존중되어야 합니다. 법을 어기면서까지 지켜야 할 전통은 없습니다.

노자: 진정한 전통은 형식이 아니라 정신에 있습니다. 우리 조상들이 인정과 의리를 중시한 것은 그것이 공동체의 화합에 도움이 되었기 때문입니다. 이런 정신은 현대에도 여전히 유효합니다. 법도 결국 사람이 만든 것이므로 완벽할 수 없습니다. 법의 빈틈을 메우는 것이 바로 도덕과 관습입니다. 서구의 법치주의를 무조건 따라하기 보다는 우리의 문화적 토양에 맞는 방식을 찾아야 합니다.

정약용 : 말씀을 드리다 보니 제가 자꾸 절충적인 이야기를 하게 되네요. 유학에서는 이를 중용(中庸)이라고 합니다. 전통과 현대의 조화에서 중요한 것은 온고지신(溫故知新)의 정신입니다. 옛것을 익히고 새것을 아는 것, 즉 전통의 장점은 살리면서 현대적 요구에 맞게 발전시키는 것입니다. 유교의 핵심 가치인 인(仁)과 의(義)는 현대적 법치주의와 충돌하는 것이 아닙니다. 오히려 법이 진정으로 정의로우려면 인간에 대한 사랑과 배려가 바탕이 되어야 합니다.

예를 들어 우리의 전통적인 상부상조 정신은 현대의 사회보장제도로 발전시킬 수 있습니다. 어른을 공경하는 효(孝) 사상도 노인복지정책의 기초가 될 수 있습니다. 중요한 것은 전통의 형식에 얽매이지 말고, 그 속에 담긴 가치와 정신을 현대적으로 구현하는 것입니다.

한비자: 노자 선생님의 무위자연 사상과 정약용 선생님의 애민 정신은 모두 훌륭하지만, 그것만으로는 현실의 복잡한 문제들을 해결할 수 없다는 생각을 떨칠 수 없네요.

노자 선생님께서 말씀하신 무위자연의 이상은 아름답습니다. 하지만 모든 사람이 성인이 될 수는 없습니다. 대개의 사람들은 이익을 좇고 손해를 피하려는 평범한 존재들입니다. 이런 현실을 인정하고 그에 맞는 제도를 만드는 것이 진정한 지혜입니다.

정약용 선생님의 애민 정신도 소중합니다. 하지만 백성을 진정으로 사랑한다면 더욱 엄격한 법치가 필요합니다. 법이 제대로 작동하지 않으면 결국 피해를 보는 것은 힘없는 백성들입니다. 권력자들은 법망을 피해갈 수 있지만, 일반 백성들은 그럴 수 없기 때문입니다.

특히 현대 한국 사회를 보면 강력한 법치가 더욱 필요해 보입니다. 경제 발전은 이루었지만, 아직도 연고와 정실, 특권과 예외가 판치고 있습니다. 이런 문제들을 해결하려면 온정주의나 도덕적 호소로는 부족합니다. 오직 냉철하고 일관된 법 적용만이 답입니다. 법치는 차가운 것이 아닙니다. 오히려 가장 따뜻한 것입니다. 왜냐하면 법치만이 모든 사람을 평등하게 대우하고, 약자를 보호할 수 있기 때문입니다. 법 앞의 평등이야말로 진정한 인간 존중입니다.

6. 법치와 덕치의 영원한 과제

아고라: 시간이 많이 흘렀군요. 오늘 토론을 통해 우리는 법치와 덕치가 대립하는 것이 아니라 상호 보완적이라는 점을 확인했습니다. 법 없는 덕은 무력하고, 덕 없는 법은 폭정이 될 수 있습니다.

중요한 건 이 둘 사이의 적절한 균형을 찾아야 한다는 점입니다.

이제 한국 사회는 선진국 대열에 합류했지만, 여전히 법치 문화의 완성이라는 과제를 안고 있습니다. 정치적 민주화는 이루었지만, 일상생활에서의 법치 의식은 아직 부족합니다. 이런 상황에서 오늘 토론한 내용들은 우리에게 중요한 방향을 제시해줍니다.

한비자 선생님이 말했듯이, 시대가 바뀌면 제도도 바뀌어야 합니다. 하지만 정의와 공정성, 인간에 대한 존중과 배려는 변하지 않는 가치입니다. 이런 가치들을 현대적 제도와 법률로 구현해나가는 것이 우리의 과제입니다. 완벽한 법치사회는 없을지 모르지만, 더 나은 법치사회를 향해 노력할 때 희망은 있습니다. 법과 덕이 조화를 이루고, 원칙과 인정이 균형을 맞추며, 이상과 현실이 만나는 그런 사회를 꿈꿔봅니다.

오늘 이 자리에 참석해주신 모든 분들이 각자의 자리에서 그런 사회를 만들어가는 주역이 되시기를 바랍니다. 법을 지키되 인간적 온정을 잃지 않고, 원칙을 추구하되 현실적 지혜를 발휘하며, 개인의 이익과 공동체의 선을 조화시키는 성숙한 시민이 되시기를 바랍니다.

오늘도 마지막으로 청중께 질문을 하면서 '지혜의 광장' 마치겠습니다. 여러분의 열띤 토론을 기대합니다.

"당신은 어떤 사회질서를 선택하시겠습니까?"

❶ 강한 법과 두려움의 권위로 다스려야 한다. 인간은 본래 이기적이므로, 느슨하면 반드시 어지러워진다. – 한비자형

❷ 법과 규제가 많을수록 혼란이 커진다. 가장 좋은 통치는 자연스럽게 흘러가도록 두는 것이다. – 노자형

❸ 법은 필요하다. 그러나 그 법은 백성을 위하고, 백성을 살리는 법이어야 한다. – 정약용형

만약 우리가 살고 있는 나라가 동서남북으로 갈라져 서로 통합하지 못한 채, 각 지역과 계층이 오직 자기 이익만을 좇는다면 어떻게 될까요? 또 외세의 침략에 맞서 스스로 나라를 지켜내지 못하고, 다른 나라의 힘에 기대어야 겨우 유지될 수 있다면 어떨까요? 게다가 주변의 강대국들이 우리나라를 집어삼키려 호시탐탐 노리고 있다면 어떨까요? 과연 이런 상황에서 필요한 리더는 어떤 사람이어야 할까요? 지금부터 이 질문에 답을 찾기 위해 『군주론』의 저자 마키아벨리를 만나보겠습니다.

마키아벨리
「군주론」

리더, 좋은 사람 말고, 필요한 사람!

마키아벨리,
당신은 누구?

'마키아벨리즘'이라는 말을 들어본 적 있나요? 보통 자신의 목적을 이루기 위해서라면 거짓말이나 배신도 서슴지 않는 냉혹한 태도를 가리킬 때 쓰는 다소 부정적인 뉘앙스의 단어입니다. 이 말의 주인공이 바로 마키아벨리(Niccolò Machiavelli, 1469~1527)입니다. 그리고 그를 오랫동안 '악마의 작가'로 만든 책이 『군주론』입니다. 그는 대체 왜 이런 책을 쓰게 된 걸까요? 그 답을 찾으려면 먼저 그가 살았던 피와 배신이 난무하는 시대로 시간 여행을 떠나야 합니다.

이야기는 지금으로부터 500여 년 전 르네상스의 심장이었던 이탈리아의 도시국가 피렌체에서 시작됩니다. '르네상스' 하면 레

오나르도 다빈치나 미켈란젤로 같은 위대한 예술가들이 떠오르죠? 문화적으로 눈부신 황금기였지만, 정치적으로는 그야말로 살얼음판 같은 시대였습니다. 당시 이탈리아는 하나의 통일된 나라가 아니었어요. 우리나라 역사에서 삼국시대의 고구려, 백제, 신라가 서로 경쟁하고 전쟁을 하듯이, 이탈리아는 피렌체, 베네치아, 밀라노, 교황령, 나폴리 등 수많은 도시국가들로 나뉘어 서로 끊임없이 경쟁하고 전쟁을 벌였습니다.

도시국가들은 마치 오늘날 이탈리아 세리에 A의 프로축구 구단들처럼 서로 경쟁하고 싸웠는데, 문제는 그라운드에 규칙도 심판도 없었다는 겁니다. 더욱 위험한 것은 외부 강대국들의 개입이었습니다. 영국과의 백년전쟁(1337~1453)에서 승리하고 중

피렌체 전경.

앙집권이 강화된 프랑스가 나폴리 왕위 계승권을 주장하며 알프스를 넘어 이탈리아로 침입한 것을 시작으로, 프랑스, 스페인, 신성로마제국이 이탈리아반도에서 영향력 확대를 위해 각축전을 벌였습니다. 도시국가들은 생존을 위해 이들 외세와 동맹을 맺거나 배신하기를 반복했습니다.

문제는 그것만이 아니었습니다. 보통의 국가들은 상비군을 두고 나라를 지키지만, 도시국가들은 상비군이 없었습니다. 그래서 돈으로 선수를 사 오듯 외부의 용병들과 계약을 맺고 전쟁을 치렀습니다. 하지만 용병들은 돈만 주면 누구를 위해서든 싸웠기 때문에, 오늘은 우리 편에서 싸우다가도 내일은 더 많은 돈을 주는 적에게 붙어 우리를 공격하는 일이 흔했습니다. 심지어 전투 중에도 더 나은 조건을 제시하는 쪽으로 갑자기 돌아서는 일이 비일비재했죠. 싸움 자체를 질질 끌면서 양쪽 모두에게서 돈을 더 뜯어내려는 경우도 있었습니다. 어제의 동맹이 오늘의 적이 되고, 평화조약이 하루아침에 휴지 조각이 되는 일이 다반사였습니다. 한마디로 정글 같은 세상이었습니다.

그래서 도시국가들은 혼란한 정세를 타개하기 위해 복잡한 외교 게임을 벌여야 했습니다. 베네치아는 동방무역으로 쌓은 부를 바탕으로 육지로 세력을 확장하려 했고, 밀라노는 북부 이탈리아의 패권을 노렸습니다. 교황령은 세속적 권력과 종교적 권위를 동시에 추구하며 중부 이탈리아를 장악하려 했고, 나폴리는 아라곤 왕가와 프랑스 왕가 사이에서 줄타기를 해야 했습니다. 아라곤 왕가는 이베리아반도의 아라곤 왕국을 중심으로 카탈루냐, 나폴리, 시칠리아, 사르데냐 등 지중해 전역에 제국을 건설한 왕조였습니다.

마키아벨리는 바로 이 정글의 한복판에서 14년간 외교관이자 국방위원으로 일하며, 정치의 생리를 누구보다 뼈저리게 체험한 사람입니다. 피렌체에서 법률가의 아들로 태어난 그는 비록 부유하지는 않았지만 좋은 인문학 교육을 받았고, 29살의 젊은 나이에 피렌체 공화국의 외교와 국방을 담당하는 업무를 맡게 됩니다. 그는 서재에 틀어박혀 이

르네상스 시대의 화가 티토(Santi di Tito) 가 그린 마키아벨리 초상화.

상적인 정치를 논하는 학자가 아니라 각국의 궁정을 직접 발로 뛰며 누비는 실무형 외교관이었습니다.

그의 첫 번째 중요한 외교 임무는 1500년 프랑스 궁정 방문이었습니다. 피렌체는 이탈리아에서 영향력을 확대하려는 강력한

프랑스와의 관계를 잘 관리해야 했습니다. 마키아벨리는 6개월간 머물며 프랑스 왕의 야심과 한계를 파악했습니다.

1502년과 1503년에는 마키아벨리에게 가장 깊은 인상을 남긴 인물과의 만남이 이루어집니다. 바로 교황 알렉산데르 6세의 아들인 야심가 체사레 보르자(Cesare Borgia)입니다. 당시 그는 이탈리아 북동부 로마냐(Romagna) 지방의 군사적 정복을 주도하고 있었습니다. 마키아벨리는 보르자의 군영에서 몇 달간 머물며 그의 정치적 수완을 직접 관찰할 기회를 가졌습니다.

보르자는 목적을 달성하기 위해서라면 배신과 암살도 서슴지 않았고, 잔혹하면서도 치밀한 정치 전략을 구사했습니다. 특히 반란이 심한 로마냐 지역을 통치할 때 잔혹한 총독을 앞세워 질서를 회복한 뒤, 민심을 달래기 위해 그 총독마저 처형해버리는 냉혹함도 보였습니다. 마키아벨리는 이런 보르자의 모습에서 공포와 감탄을 동시에 느꼈습니다. 도덕적으로는 용납할 수 없었지만, 정치적 효과 면에서는 탁월했기 때문입니다.

하지만 보르자의 계획은 예상치 못한 변수로 인해 좌절됩니다. 아버지 교황이 사망하면서 교황청의 지원을 잃고 세력을 상실하게 됩니다. 능력은 뛰어났지만, 운이 다한 것이지요. 마키아벨리는 이 상황을 지켜보며 정치에서 운의 중요성을 깨달았습니다. 아무리 뛰어난 능력과 치밀한 계획을 가졌다고 해도, 예측할 수 없는 운명의 변수 앞에서는 무력할 수 있다는 것을 말입니다.

마키아벨리의 또 다른 중요한 경험은 신성로마제국 황제 막시밀리안 1세와의 만남이었습니다. 신성로마제국은 지금의 독일, 오스트리아, 체코, 북부 이탈리아까지를 영토로 하고, 수백 개의 봉건 세력이 독립적으로 존재하는 복합적 제국이었습니다. 1507년 그는 궁정을 방문해 신성로마제국의 분권적 정치 구조와 황제의 제한된 권력을 목격하고, 중앙집권적 통치의 중요성을 더욱 절감하게 되었습니다. 또한 1510년에는 교황 율리우스 2세의 군사 작전을 따라다니며 전사(戰士) 교황의 정치적 야심을 직접 관찰하기도 했습니다.

이렇게 거짓 약속과 배신, 권력 다툼이 벌어지는 외교 무대의 치열한 현장을 온몸으로 겪은 마키아벨리는 당대 정치 현실을 정확하게 파악할 수 있었습니다. 누구보다 피렌체를 사랑했고, 어떻게든 혼란 속에서 조국을 지키고 싶어 했던 그는 용병에 의존하는 위험성을 깨닫고 시민군 창설을 추진했습니다. 1506년 그의 노력으로 피렌체에 시민군이 창설되었고, 1509년 피사 정복 작전에서 이 시민군이 실제로 활용되기도 했습니다. 이탈리아의 정치적 상황이 마키아벨리의 손을 들어주는 것 같았습니다.

하지만 역사는 그의 편이 아니었습니다. 1512년 피렌체 공화정이 교황 율리우스 2세와 스페인이 주도한 '신성동맹'의 공격으로 무너지고, 피렌체를 오랫동안 지배했던 강력한 군주 가문인 메디치 가문이 다시 권력을 되찾으면서 반대편 진영이었던 그의 인생은 하루아침에 나락으로 떨어집니다. 한때는 국가의 운명을 논하던 최고위 공직자가 이제는 조국을 배신했다는 의심을 받는 위험 인물로 전락한 것이죠.

그는 모든 직위를 잃었고, 설상가상으로 1513년 메디치 가문에 반대하는 음모에 가담했다는 억울한 누명을 쓰고 감옥에 갇혀 고문까지 당하게 됩니다. 그에게 육체적 고통보다 더 컸던 것은 평생을 바쳐 헌신한 조국으로부터 버림받았다는 절망감이었습니다.

가까스로 목숨을 건져 풀려난 그는 고향 근처의 시골 마을로 추방당해 사실상의 유배 생활을 하게 됩니다. 한때는 각국의 왕들을 만나 담판을 짓던 외교관이 이제는 허름한 선술집에서 닭싸움을 구경하고 나무꾼들과 푼돈을 걸고 카드놀이를 하며 하루를 보내는 신세가 된 것이죠.

하지만 그는 절망만 하고 있지 않았습니다. 낮에는 먼지 묻은 농부의 옷을 입고 현실의 밑바닥을 살았지만, 밤이 되면 가장 좋은 궁정 의복으로 갈아입고 서재로 들어가 혼란한 시대를 살아남고 승리할 수 있는 군주의 조건을 치열하게 써 내려갔습니다. 그는 체사레 보르자에게서 본 냉혹한 현실주의와 고대 로마 황제들의 통치술, 그리고 자신이 14년간 외교 현장에서 목격한 권력의 속성을 종합해『군주론』을 완성했습니다.

『군주론』은 새로 피렌체의 군주가 된 로렌초 데 메디치(Lorenzo de Medici)에게 바치는 책이었습니다. 표면적으로는 '군주를 위한 조언'이었지만, 그 속내는 '나, 니콜로 마키아벨리는 책상물림 학자가 아니라, 14년간의 외교 현장에서 온갖 인간 군상을 겪으며 현실 정치의 속성을 꿰뚫어 본 전문가입니다. 저에게는 당신이 이탈리아를 통일하는 데 필요한 통찰과 경험이 있습니다. 부디 저를 다시 피렌체의 정치 무대로 불러주십시오!'라고 외치는 절박하고 비장한 자기소개서이자 호소문이었던 셈입니다.

하지만『군주론』을 통해 다시 정치판에 복귀하려는 마키아벨리의 간절한 바람은 이루어지지 않았습니다. 아이러니하게도 그가 죽던 해에 메디치 가문이 다시 피렌체에서 축출되고 공화정이 복원되었지만, 그는 그 광경을 보지 못하고 세상을 떠났습니다. 메디치 가문은 위대한 책의 가치를 알아보지 못했지만, 그가 죽은 뒤 출간된『군주론』은 유럽 전역에 큰 파장을 일으켰습니다.

1559년 가톨릭교회는 이 책을 금서목록에 올렸고, 수많은 종교인과 도덕군자들은 마키아벨리를 악마의 교사라고 맹비난했습니다. 특히 '때로는 비도덕적 수단도 정당화될 수 있다'는 마키아벨리의 말은 기존의 기독교적 정치윤리와 정면으로 충돌했습니다. 군주가 필요에 따라 거짓말하고 약속을 어겨도 된다는 주장은 당시로서는 충격적이었습니다.

그의 책이 이토록 위험하게 여겨진 이유는 무엇일까요? 바로 인류 역사상 처음으로 정치를 종교와 도덕의 영역에서 완전히 떼어냈기 때문입니다. 정치하는 사람은 착해야 하고, 군주는 신의 대리인으로서 도덕적 완성을 추구해야 한다는 그때까지의 생각과 달리 마키아벨리는 착한 리더와 유능한 리더는 다를 수 있으며, 국가를 지키기 위해서는 때로 비도덕적인 행동도 필요하다고 선언한 것입니다.

500여 년 전 피렌체의 한 실직한 외교관이 시골 서재에서 쓴 작은 책이 오늘날까지 전 세계 정치학도들의 필독서가 된 것은 우연이 아닙니다. 『군주론』은 우리 마음속에 숨겨진 권력에의 의지와, 선과 악의 경계에 대한 불편한 질문들을 끄집어냅니다. 하지만 바로 그 불편함 속에서 우리는 정치의 본질을 더 깊이 이해할 수 있게 됩니다.

어떤 의미에서는 민주주의 시대를 살아가는 시민들 모두가 군주입니다. 우리는 투표를 통해 권력을 선택하고, 여론을 통해 정치에 영향을 미치며, 공동체의 운명에 책임을 집니다. 마키아벨리의 『군주론』은 바로 그런 우리에게 권력과 정치의 본질에 대한 날카로운 통찰을 제공합니다.

『군주론』 핵심 쏙쏙!

마키아벨리의『군주론』은 군주에게 바치는 정치적 조언서입니다. 냉엄한 현실 속에서 국가의 운명을 용감하게 개척하고 새로운 길을 찾아 민심을 얻는 방법을 제시합니다. 낡은 도덕과 윤리에 얽매이지 말고, 피할 수 없는 운명을 탓하지 말고, 국가를 보존하고 번영시킬 수 있는 현실적인 방안을 찾아 과감하게 실천하라고 조언합니다.

이 책은 크게 네 부분으로 구성되어 있씁니다. 첫째, 군주국의 종류와 그것을 얻는 방법. 둘째, 국가의 핵심인 군대 조직법. 셋째, 군주가 갖춰야 할 행동 방식과 덕목. 그리고 마지막으로, 당시 이탈리아가 처한 위기 상황과 그 극복 방법에 대해 다룹니다. 이 중에서도 오늘날까지 주목받는 것은 군주의 통치 기술과 리더십에 대한 파격적인 주장들입니다.

자신만의 군대를 가져라

마키아벨리는 먼저 군주국을 세습군주국과 신생군주국으로 구분합니다. 세습군주국은 대대로 이어져 내려온 나라로, 백성들이 오랫동안 익숙해져 있기 때문에 다스리기가 비교적 쉽습니다. 그러나 신생군주국은 새로 권력을 잡은 군주가 모든 것을 처음부터 만들어가야 하므로 훨씬 어렵습니다.

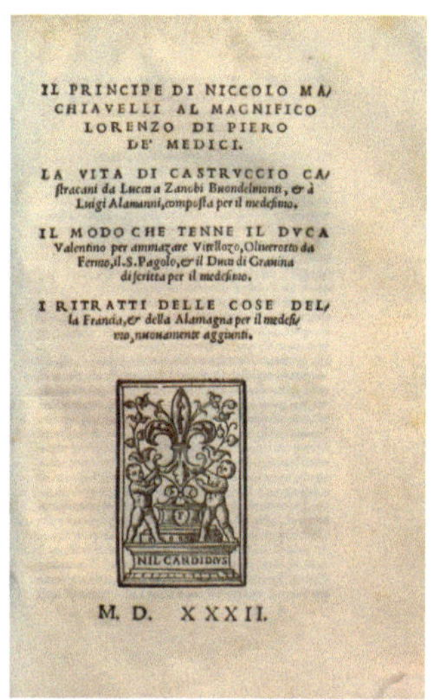

1532년 출간된 『군주론』 초판.

그는 신생군주국을 안정시키려면 무엇보다도 자신만의 군대가 필요하다고 강조합니다. 용병이나 외국군에 의존하는 것은 매우 위험하다고 보았습니다. 돈으로 고용한 용병은 위기가 닥치면 도망가거나 배신할 수 있으며, 외국군은 오늘은 도와주더라도 내일은 정복자가 되어 군주를 몰아낼 수 있기 때문이라는 겁니다.

비정한 인간 본성을 알아라

마키아벨리의 모든 주장은 '인간이란 어떤 존재인가?'라는 냉혹한 현실 인식에서 출발합니다. 그는 인간을 기본적으로 은혜

를 모르고, 변덕스러우며, 위험 앞에서는 비겁하지만 이익 앞에
서는 대담해지는 존재라고 규정합니다. 인간은 도덕이나 의리보
다 자신의 이익에 따라 움직이는 이기적인 존재라는 것입니다.

따라서 군주는 인간이 본래 착하다는 환상에 기대지 말고, 비
정하고 변덕스러운 인간의 본성을 정확히 꿰뚫어보고 통치해야
한다고 강조합니다. 군주가 현실을 직시하지 못하고 이상적인 인
간관에 기대려 한다면 파멸을 자초하게 된다는 것입니다.

사랑보다 두려움을 선택하라

마키아벨리는 이러한 인간관을 바탕으로 군주에게 매우 현실
적인 질문을 던집니다.

'군주는 사랑받는 것이 좋은가, 아니면 두려움의 대상이 되는
것이 좋은가?'

그는 둘 다 얻는 것이 가장 바람직하지만, 하나만 선택할 수밖
에 없는 상황이라면 두려움의 대상이 되는 편이 훨씬 안전하다
고 말합니다. 사람들이 베푸는 사랑은 그들의 변덕과 이해관계
에 따라 언제든 끊어질 수 있는 불안한 끈이지만, 처벌에 대한
두려움은 군주가 직접 통제할 수 있는 확실하고 강력한 통치 수
단이기 때문입니다.

하지만 그는 중요한 단서도 덧붙입니다. 백성의 재산을 빼앗거

나 명예를 짓밟아 미움을 사는 군주가 되어서는 절대 안 된다는 것입니다. 두려움은 질서를 만들지만, 미움은 반란과 배신을 불러오기 때문입니다.

사자의 힘과 여우의 지혜를 겸비하라

마키아벨리는 이렇게 말합니다. "덫을 알아차리려면 여우가 되어야 하고, 늑대를 쫓아내려면 사자가 되어야 한다."

사자는 힘이 세지만 눈앞의 덫을 피할 수 있을 만큼 조심스럽지 못하고, 여우는 꾀는 많지만 힘센 늑대를 물리칠 힘이 없습니다. 따라서 군주는 때로는 사자처럼 압도적인 힘과 위엄으로 적을 제압해야 하지만, 때로는 여우처럼 교활하고 유연하게 상황을 헤쳐나갈 수 있어야 한다는 것입니다.

그는 '모두가 약속을 지킨다면 군주도 신의를 지켜야겠지만, 세상은 그렇지 않기 때문에 군주도 필요할 때는 약속을 지키지 않아야 한다'며, 도덕적 이상보다 현실적 생존이 더 중요함을 강조합니다.

운명에 맞서는 역량을 키우라

마키아벨리는 인간의 성공과 실패가 전적으로 운(運)에 달려 있는 것이 아니라고 보았습니다. 성공과 실패는 절반은 통제 불가능한 운명, 나머지 절반은 그것에 대응하는 인간의 역량에 달려 있다고 보았습니다.

그가 말하는 운명은 변덕스러운 날씨나 언제 범람할지 모르는 거센 강물과 같습니다. 하지만 역량 있는 군주는 그저 운명을 탓하며 손 놓고 있지 않습니다. 날씨가 좋을 때 미리 둑을 단단히 쌓아두어 범람이 닥쳐도 피해를 줄이고, 오히려 그 물길을 자신에게 유리한 방향으로 돌려 쓸 줄 아는 사람입니다.

정치와 도덕은 다르다

마키아벨리의 주장이 충격적이었던 이유는, 그가 이전 시대의 전통적인 덕목들을 정면으로 뒤집었기 때문입니다. 플라톤에서부터 중세 기독교 사상가들에 이르기까지 오랫동안 군주는 자비·신의·정직·관용·경건함 같은 도덕적 미덕을 갖춰야 한다고 가르쳐 왔습니다. 군주는 무엇보다도 좋은 사람이어야 한다는 것이 통념이었습니다.

하지만 마키아벨리는 정반대의 길을 제시했습니다. 그는 '군주는 그런 미덕을 실제로 모두 지킬 필요가 없다. 오히려 미덕을 고집하다 나라를 잃는 경우가 많다'고 말합니다. 군주는 미덕을 가진 것처럼 보이는 것이 중요할 뿐, 필요할 때는 악덕도 과감히 활용할 준비가 되어 있어야 한다는 것입니다.

특히 그는 '잘 사용된 잔인함'과 '잘못 사용된 잔인함'을 구분했습니다. 한 번의 단호한 처벌이 장기간의 평화와 질서를 가져올 수 있다면, 그것은 정당한 정치적 수단이 될 수 있습니다. 반면 무분별하고 지속적인 폭력은 오히려 반란과 혼란을 불러옵니다. 마키아벨리는 군주가 언제, 어떻게 잔인함을 사용할지를 정확히 판단할 줄 알아야 한다고 강조했습니다.

귀족보다는 백성의 마음을 얻어라

마키아벨리는 사회를 크게 일반 백성과 귀족으로 나누어 바라봤습니다. 백성은 억압받지 않고 평온하게 살아가는 것만으로도 만족하지만, 귀족은 권력과 특권을 차지하고 다른 사람들을 지배하려는 욕망이 강했습니다. 그래서 귀족은 언제든 군주에게 반기를 들 수 있는 잠재적 위협이 됩니다.

그는 특히 새롭게 권력을 잡은 군주에게 '귀족에게 의존하기보다는 백성의 지지를 얻는 편이 훨씬 안전하고 장기적으로 권력을 유지하는 길'이라고 조언합니다. 귀족은 경쟁자이자 잠재적 반란 세력이 될 수 있지만, 백성은 군주에게 안정적인 기반을 제공하는 버팀목이 되기 때문이라는 겁니다.

고전툰

사자와 여우가 돼라

나 마키아벨리,
한국 고등학생으로 환생!
학교 전교회장에
출마해 보겠어!

현실 정치는 이상과는 먼
이미지 전쟁이지!
상대 후보 시험점수를 폭로해
손쉽게 당선된다!

인간은 본디 욕심 많고
변덕스러운데다 겁이 많지.
이 본성을 이해해야
이들을 이끌 수 있다!
학생회장 취임식

리더는 변덕스러운 이들을
여우처럼 속이고,
겁 많은 이들을
사자처럼 위협할 수 있어야 해!

약속은
꼭 지켜야 하는 게
아냐!

당선되면
급식 식단표에
콜라 넣어준다며!

사랑은 변해도
두려움은 남는 법.
반발은 냉철하게 대처해야
리더로서 살아남을 수 있다!

교내 고성방가
벌점 10점

흠…
냉철히 대처했음에도
반발이 있군….
벌점남발!
직권남용!
학생인권
보장하라

하지만 결국 사람들이
기억하는 건 겉모습과
결과 뿐이지!
학생신문
소음 민원 제로! 모범 학교 달성!
지역주민들 안식 제고로 모범 학교 인식 높아져

체육대회 학교 대항전
또한 외부의 적이 있으면
내부는 자연스럽게
공동체 정신을 발휘해 단결한다!
학교 대항전으로 단결을
도모하자!

저항 세력이 없어도
평화로울 때 준비해야 해!
학급 임원들의 비밀을 파악해
또 다른 저항을 대비하자!
흐음.. 비밀연애라..

뭐? 너무 나쁜 것 같다고?
리더는 좋든 싫든 선택을 하는 자!
실패하는 순진한 선택이 나을까,
나쁘지만 현명한 선택이 나을까?

좋은 리더는 착한 이가
아니라 살아남는 이다!
잔인한 현실에서 살아남아야
정의에 도달할 수 있기
때문이지!
정의

진짜 리더는 어떤 사람일까?

마키아벨리 Niccolò Machiavelli 1469~1527
칸트 Immanuel Kant 1724~1804
공자 孔子 기원전 551~479

민주시민의 역량을 키울 수 있는 빛나는 책의 저자를 모시고 인류 역사의 뛰어난 사상가들과 함께 토론하고 지혜를 나누는 '지혜의 광장'에 오신 것을 환영합니다. 저는 진행자 아고라입니다. 오늘 우리는 역사상 가장 논쟁적인 책 중 하나인 『군주론』을 출발점 삼아, 리더의 조건에 대해 이야기 나누고자 합니다.

최근 한국 사회는 연이은 정치적 격변을 겪으며 리더십에 대한 근본적 질문들과 마주하고 있습니다. 계엄 선포와 탄핵, 그리고 새로운 정부 수립까지, 이 모든 과정에서 한국 시민들은 '진정한 리더란 무엇인가?'라는 질문을 던지지 않을 수 없었습니다. 이런 시점에서 500여 년 전 마키아벨리가 던진 화두는 더욱 절실하게 다가옵니다.

이 뜨거운 토론을 위해 제가 가장 뵙고 싶었던 세 분을 한자리에 모셨습니다. 오늘의 주인공인 마키아벨리 선생님, 독일의 위대한 철학자 칸트 선생님, 그리고 동양 유학의 시조 공자 선생님입니다.

먼저 토론자 두 분에 대해서 간단히 소개해드리겠습니다.

칸트 선생님은 독일의 철학자로, 『순수이성비판』, 『실천이성비판』, 『판단력비판』의 3대 비판서를 통해 근대 철학의 새로운 지평을 열었으며, 특히 인간이 도덕적 판단을 내릴 때 누구나 무조건 따라야 하는 정언명령(定言命令)이라는 보편적 도덕법칙을 제시했습니다.

공자 선생님은 중국 춘추시대의 사상가로, 『논어』를 통해 전해지는 그의 사상은 동아시아 문명의 근간이 되었으며, 특히 사람다움을 강조하는 인(仁)과 힘이 아니라 도덕으로 인간을 다스려야 한다는 덕치(德治)를 강조한 정치철학으로 유명합니다.

오늘 이 자리에 세 분을 함께 모신 이유는 분명합니다. 마키아벨리 선생님은 권력 유지의 기술을 강조하며 현실 정치의 냉혹함을 보여주었고, 칸트 선생님은 보편적 도덕법칙을 제시하며 도덕 없는 권력의 위험을 경고했습니다. 공자 선생님은 덕으로 다스리는 지도자상을 제시하며 도덕과 권위가 조화를 이루는 사회 이상을 꿈꿨습니다. 세 분은 서로 다른 시대와 문화, 서로 다른 관점에서 리더십을 이야기하지만, 바로 그렇기 때문에 더 풍성한 통찰을 줄 수 있을 겁니다.

오늘 토론에서는 단순히 '좋은 군주란 누구인가?'라는 옛 질문에만 머물지 않고, 오늘날 민주사회에서 지도자가 갖춰야 할 조건, 그리고 시민 한 사람 한 사람이 어떤 리더십을 발휘해야 하는가라는 현실적 질문까지 확장해볼 수 있을 것입니다.

이제 본격적으로 토론을 시작하겠습니다.

리더가 갖춰야 할 가장 중요한 첫 번째 덕목은 무엇이라고 생각하십니까?

1. 리더의 첫 번째 덕목은 무엇인가?

마키아벨리: 단연 결과를 만드는 유능함입니다. 전 세계를 휩쓴 코로나 팬데믹 상황을 한번 보십시오. 어떤 리더는 우왕좌왕하며 국민들을 혼란에 빠뜨렸고, 어떤 리더는 때로 비판을 받더라도 과감한 봉쇄나 백신 정책으로 위기를 극복했습니다. 국민들에게 정말 중요했던 것은 리더의 따뜻한 위로의 말이 아니라, '그래서 마스크는 구할 수 있는가?' '백신은 언제 맞는가?' 같은 현

실적인 결과였습니다. 또한 대한민국의 최근 상황
을 봐도 마찬가지입니다. 대통령의 불법적 계엄 선
포라는 극단적 상황에서 국민들이 원했던 것은
아름다운 수사가 아니라 '헌법과 민주주의를 지킬

수 있는가?'라는 구체적인 결과였습니다. 리더는 결과로 말해야
합니다.

칸트: 저는 그 입장에 처음부터 동의할 수 없습
니다. 팬데믹 상황에서, 국민 건강이라는 좋은
목적을 위해 개인의 동의 없이 사생활 정보를
추적하고 통제하는 것이 과연 정당화될 수 있

을까요? 어떤 행위가 '모든 사람에게 예외 없이 적용될 수 있는
보편적인 법칙'이 될 수 없다면, 그것은 좋은 결과를 낳더라도 도
덕적이지 않습니다. 최근 우리가 목격한 한국의 계엄 선포 사태
도 마찬가지입니다. 설령 그것이 국가 안보라는 명분을 내세웠다
하더라도, 헌법을 무시하고 국민의 기본권을 침해하는 행위는
그 자체로 잘못된 것입니다. 리더의 첫 덕목은 유능함이 아니라,
어떤 상황에서도 인간의 존엄성을 수단이 아닌 목적으로 대하는
선한 의지입니다.

공자: 두 분의 말씀을 들으니 흥미롭습니다. 리더의 첫 덕목은 공동체의 신뢰를 얻는 덕(德)이라고 생각합니다. 저는 일찍이 국방력과 경제력과 국민의 신뢰 중 무엇이 가장 중요하냐는 제자의  질문에 신뢰가 가장 중요하다고 말했습니다. 최근 대한민국의 혼란도 결국 리더에 대한 신뢰가 무너졌기 때문입니다. 민주주의 사회에서는 지도자가 국민의 신뢰를 잃으면 책임을 지게 되고, 국민의 선택으로 새로운 지도자가 등장하는 과정을 우리는 직접 경험했습니다. 리더가 먼저 진실한 인격으로 신뢰를 얻으면, 위기 상황에서도 국민들은 리더를 믿고 함께 어려움을 헤쳐 나갈 힘을 얻게 됩니다. 신뢰 없는 권력은 모래 위의 성과 같습니다.

아고라: 흥미롭군요. 결과를 만드는 역량, 선한 의지, 국민의 신뢰를 얻음. 리더십의 핵심을 꿰뚫는 세 가지 관점이 처음부터 팽팽하게 맞서고 있습니다. 그럼 조금 더 구체적인 질문으로 들어가 보겠습니다.

2. 국가 경제를 위해 편법을 써도 되는가?

아고라: 이건 좀 민감한 사안이긴 하지만 토론의 불씨를 키우기

위해서 한번 질문해 보도록 하겠습니다. 최근 미국의 트럼프 정부는 자국의 이익을 극대화하기 위해 다른 나라에게 엄청난 관세폭탄을 던지고 있는데, 어떻게 생각하는지요? 이것도 리더의 역량이라고 볼 수 있습니까?

마키아벨리: 미국 트럼프 정부의 입장에서 보면 불가피한 조치라고 볼 수도 있습니다. 자국의 경제력이 약화되고 타국에 대한 영향력이 불안정한 상황에서 이를 일시에 해결할 수 있는 방법으로 자신의 힘을 기반으로 한 강제적 조치라고 볼 수 있지요.

트럼프는 강력한 이미지 전략을 구사하며 일견 군주론적 리더처럼 보이기도 하지만, 나는 오히려 그의 전략이 단기적 효과에만 머물렀고, 장기적으로는 미국 국민과 동맹국들의 지지를 관리하는 데 실패할 거라고 봅니다. 리더는 두려움도 중요하지만, 미움은 피해야 하며, 민중의 지지를 뿌리로 삼아야 합니다. 특히 트럼프는 몇몇 미국의 대자본가와 백인들의 지지를 받을지 모르지만, 미국 국민 다수의 지지를 등에 업고 있지 못합니다. 그런 의미에서 트럼프의 운은 다한 것이 아닌가 생각합니다.

한편 내가 주목하는 것은 미국 트럼프 정부의 조치가 선한지 악한지 판단하는 것이 아니라, 이러한 강제력에 맞서 세계 각국이 어떠한 대응을 하느냐 입니다. 트럼프의 압력에 굴복하여 복종을 하는 것도, 트럼프의 조치를 악이라고 판단하여 적대적으로 맞서는 것도 바람직하지 않습니다. 내가 이야기하는 리더의 역량은 국익을 위해서라면 악마와도 협상을 하겠다는 마음으로 자국의 강점과 약점을 고려하여 대응해야 합니다. 리더는 강력한 타국의 협박에 굴복하는 것이 아니라 자신의 공동체를 지키고 자국의 이익을 지키기 위해 노력하는 사람이니까요.

칸트: 트럼프의 태도는 일시적으로 미국에게 이익을 줄지 모르지만, 다른 나라를 고통에 빠지게 한다는 점에서 바람직하지 않습니다. 외교와 통상은 일방적으로 관철되지 않습니다. 내가 던진 부메랑은 반드시 나에게 돌아오게 되어 있지요. 세계질서는 강대국만의 이익을 관철시키기 위해서 만들어져야 하는 것이 아니라, 지구상에 살고 있는 모든 나라들이 함께 지키고 보살피는 보편적 원칙을 수립해야 하는 것입니다. 미국이 던진 관세폭탄은 언젠가 미국에게 고스란히 되돌아갈 것입니다. 일시적 이익보다는 보편적 윤리를 강조하는 나의 생각이 지구상의 평화를 위해 더욱 중요합니다.

공자 : 현재 미국이 보여주고 있는 정책들은 과거 미국의 전통과는 다른 모습인 것 같습니다. 미국은 건국 이래 민주주의를 수호

하고 자유와 평등의 대표자 역할을 하다가 이제는 자신의 강력한 힘을 무기로 다른 나라들을 위협하고 있습니다. 내가 쓴 역사서 『춘추』의 관점에서 보면 패권을 이용한 폭군의 모습을 보이고 있습니다. 이는 미국의 미래를 위해서도 바람직하지 않은 현상입니다.

아고라: 이야기를 듣다 보니, 마키아벨리 선생님은 대한민국의 리더에게 필요한 것이 무엇인지를 말씀하신 것 같고, 칸트 선생님과 공자 선생님은 미국의 리더에게 필요한 것이 무엇인지를 지적한 것 같습니다.

3. 사랑받는 리더 vs 두려운 리더, 누가 더 강한가?

아고라: 마키아벨리 선생님, 당신의 책에는 '사랑받는 것과 두려움 받는 것 중 하나를 택해야 한다면 두려움을 택하라'라는 유명한 구절이 있습니다. 오늘날의 학교에 비유하자면, 학생들에게 인기 많고 친한 친구 같은 선생님과 엄격한 규칙으로 학생들을 통제하는 무서운 선생님 중 후자가 더 낫다고 말씀하시는 겁니까?

마키아벨리: 그렇게 단순하게 비교하는 것은 바람직하지 않습니

다. 그럼에도 사회자의 질문에 답한다면, 나는 학생들에게 인기를 얻기 좋아하는 선생님보다는 학생들이 처한 상황을 용감하게 극복할 수 있도록 지도하는 교사가 더 바람직하다고 생각합니다. 인간의 감정은 변덕스럽습니다. 예를 들어 학생들이 오늘은 친구 같은 선생님을 좋아하다가도, 내일 시험 성적이 떨어지면 쉽게 원망하고 돌아설 수 있습니다.

사랑이라는 감정은 내가 통제할 수 없습니다. 하지만 모두를 위한 규칙을 정하고, 이를 어겼을 때 적절한 강제를 집행하는 교사는 학생들의 두려움의 대상이 될 수 있습니다. 이 같은 두려움은 학습이라는 본연의 목적에서 벗어나 일탈하는 학생들을 교사가 직접 통제할 수 있는 훨씬 강력하고 예측 가능한 수단입니다. 교사라면 어느 정도는 두려움의 대상이 되어야 하지 않을까요?

최근 한국 사회에서 벌어진 일들을 보십시오. 12·3 계엄 선포 당시 시민들이 국회 앞에 모여든 것은 정치인들에 대한 사랑 때문이 아니었습니다. 민주주의가 파괴될 수 있다는 두려움 때문이었죠. 역설적이게도 그 두려움이 민주주의를 지키는 힘이 되었습니다. 물론 학생들을 부당하게 차별하거나 인격을 모독해서 미움을 사서는 안 됩니다. 합리적인 두려움은 질서를 만들지만, 미움은 반항을 낳기 때문입니다.

공자: 어찌 그리 사람의 마음을 믿지 못하십니까! 진정한 스승은 두려움으로 학생들을 억누르는 사람이 아니라, 스스로 배움을 게을리하지 않고 인(仁)을 실천하여 학생들이 저절로 따르고 싶게 만드는 사람입니다. 학생들의 모범이 되는 진정한 학생이 바로 교사지요. 북극성이 가만히 있어도 뭇별들이 그 주위를 돌듯이, 교사가 먼저 군자(君子)의 모습을 보이면 학생들은 마음으로 따르게 됩니다.

칸트: 저는 사랑이냐 두려움이냐 하는 질문 자체가 잘못되었다고 봅니다. 두 가지 모두 학생을 리더의 목적을 위한 수단으로 취급하는 방식이기 때문입니다. 학생은 사랑받아야 할 애완동물도 아니고, 두려움으로 통제해야 할 동물도 아닙니다. 학생 한 사람 한 사람은 스스로 생각하고 판단할 수 있는 존엄한 인격체입니다. 제 용어로 표현하자면 수단이 아니라 목적이지요.

리더는 그들을 사랑하거나 두려워하게 만들려고 할 것이 아니라, 그들의 인격을 존중하고 스스로 도덕법칙을 따를 수 있도록 이끌어야 합니다. 최근 한국 사회의 변화도 시민들이 스스로 판단하고 행동한 결과입니다. 이것이야말로 진정한 민주주의의 모습입니다.

4. 소셜미디어 시대의 리더십

아고라: 이제 화제를 바꿔 보겠습니다. 오늘날은 소셜미디어 시대입니다. 정치인들은 트위터나 인스타그램으로 국민과 소통하고, 기업 CEO들은 유튜브로 직접 메시지를 전달합니다. 이런 환경에서 리더십은 어떻게 달라져야 할까요?

마키아벨리: 지금의 소셜미디어 시대에는 제가 말한 여우의 지혜가 더욱 중요합니다. 하나의 잘못된 트윗이나 멘트가 순식간에 전 세계로 퍼져 리더의 운명을 바꿀 수도 있습니다. 이제 리더는 더욱 교묘하고 전략적으로 소통해야 합니다.

최근 대한민국 정치인들도 자신의 유튜브를 만들어 국민의 지속적인 관심을 유도하고 있습니다. 자신의 정치활동을 홍보하고, 자신의 정치적 견해를 주장하고, 상대방의 견해를 비판하는 장으로 유튜브는 적절한 정치적 무대가 됩니다. 반면 과거에는 베일에 싸여있었던 정치인의 사생활도 노골적으로 폭로되기도 하는데요. 그에 따라 일상적인 언행에 주의를 기울이고, 상황에 맞는 적절한 언어와 행동을 해야 합니다. 곰이나 사자보다는 여우처럼 행동해야겠지요.

칸트: 그런 식의 접근은 매우 위험합니다. 소셜미디어의 특성상 거짓 정보나 선동적 메시지가 빠르게 확산될 수 있기 때문에, 리더는 더욱 신중하고 진실해야 합니다. 관심을 끌기 위한 자극적 발언이나 전략적 거짓말은 결국 사회 전체의 신뢰를 무너뜨립니다. 최근 우리가 목격한 가짜뉴스의 폐해를 보십시오. 리더가 진실을 말하지 않으면, 시민들은 무엇을 믿고 판단해야 할지 알 수 없게 됩니다. 거짓 정보가 넘쳐나는 소셜미디어 시대일수록 더욱 '진실을 말하라'는 정언명령이 더욱 중요합니다.

공자: 소셜미디어는 리더와 백성 사이의 거리를 좁혀주는 좋은 도구입니다. 하지만 그만큼 리더의 진정성이 더 쉽게 드러나기도 합니다. 가식적인 모습은 금세 들통나고, 진심은 사람들의 마음을 움직입니다. 최근 젊은 정치인들이 소셜미디어를 통해 자신의 일상을 공유하고 시민들과 소통하는 모습을 보면, 정치가 더 친근해지고 있다는 느낌을 받습니다. 중요한 것은 기술이 아니라 마음입니다. 진심으로 국민을 위하는 마음이 있다면, 어떤 매체를 사용하든 그 마음이 전해질 것입니다.

5. 젊은 세대의 리더십

아고라: 오늘 청중 중에는 젊은 분들이 많이 계십니다. 미래의 리

더가 될 젊은 세대에게 어떤 조언을 해주시겠습니까?

마키아벨리: 젊은 세대에게 '현실을 직시하는 용기'를 당부하고 싶습니다. 이상은 아름답지만, 이상만으로는 세상을 바꿀 수 없습니다. 기성세대가 만들어놓은 기득권 구조, 국제정치의 냉혹한 현실, 경제적 불평등 등 여러분이 직면한 현실은 결코 만만하지 않습니다. 하지만 절망할 필요는 없습니다. 현실을 정확히 파악하고, 그 안에서 가능한 최선의 선택을 하는 것이 진정한 리더십입니다. 완벽한 세상을 기다리지 말고, 불완전한 세상에서 조금이라도 더 나은 변화를 만들어가십시오.

칸트: 젊은 세대야말로 '감히 알려고 하는 용기'를 가져야 합니다. 기성세대의 권위나 관습에 무조건 따르지 말고, 스스로 생각하고 판단하십시오. 하지만 그 판단의 기준은 '나에게 유리한가?'가 아니라 '모든 사람에게 적용될 수 있는 보편적 원칙인가?'여야 합니다. 여러분이 살아갈 미래 사회는 더욱 복잡하고 다양해질 것입니다. 그럴수록 변하지 않는 도덕적 원칙이 나침반 역할을 할 것입니다. 유행을 따르지 말고, 옳은 것을 추구하십시오.

공자: 젊은 세대에게는 '배움을 즐기는 마음'을 갖기를 권합니

다. 제가 『논어』에서 "배우고 때때로 익히면 또한 기쁘지 아니한가?"를 이야기했듯이 미래를 이끌어갈 진정한 리더는 평생 배우기를 즐기는 사람입니다. 특히 여러분은 '디지털 네이티브(Digital Native)' 세대로서 기성세대가 갖지 못한 새로운 감각과 능력을 가지고 있습니다. 하지만 기술만으로는 부족합니다. 인간에 대한 깊은 이해와 따뜻한 마음이 있어야 진정한 리더가 될 수 있습니다.

아고라: 토론을 정리할 시간이 되었습니다. 오늘의 주인공이신 마키아벨리 선생님이 마지막으로 청중에게 하고 싶은 말씀을 해주시지요.

마키아벨리: 제가 겪은 세상은 평화로운 학교가 아니라, 이리와 여우가 우글거리는 정글이었습니다. 저는 천국으로 가는 길을 쓴 것이 아닙니다. 이 피비린내 나는 지상에서 국가를 지키는 법을 썼습니다.

최근 한국 시민들이 목격한 현실을 보십시오. 현직 대통령의 계엄 선포라는 극단적 상황에서 헌법과 법률이라는 아름다운 문서들이 한순간에 휴지 조각이 될 뻔했습니다. 그 순간 민주주의를 지킨 것은 도덕 교과서의 가르침이 아니라 시민들의 현실적 판단과 행동이었습니다. 국회의원들이 담장을 넘어 국회로 들어간 것도, 시민들이 한겨울 추위를 무릅쓰고 거리로 나온 것도 모두 민주국가를 지키기 위한 현실적 대응이었습니다.

저는 『군주론』을 쓰면서 악해지라고 말한 적이 없습니다. 권력은 본래 이렇게 작동한다는 현실을 직시하라고 말했을 뿐입니다. 여러분, 이상을 포기하라는 것이 아닙니다. 하지만 이상을 지키기 위해, 때로는 진흙탕에 발을 담글 용기가 필요합니다. 완벽한 세상을 기다리며 아무것도 하지 않는 것보다는, 불완전한 현실에서 한 걸음이라도 앞으로 나아가는 것이 낫습니다. 오늘 토론도 이러한 현실을 극복하기 위한 징검다리가 되었으면 좋겠습니다.

아고라: 감사합니다. 오늘 우리는 500여 년 전 마키아벨리가 던진 질문이 여전히 우리 시대의 핵심 이슈임을 확인했습니다. '결과만 좋으면 과정은 상관없을까?'라는 질문에 대한 명확한 답은 없을지도 모릅니다. 하지만 이런 질문을 계속 던지고, 서로 다른 관점에서 토론하는 것 자체가 민주시민으로서 우리가 가져야 할 자세입니다.

마키아벨리의 현실주의, 칸트의 도덕주의, 공자의 덕치주의. 이러한 세 관점은 서로 대립하는 모습처럼 보이지만, 모두 더 나은 세상을 만들고자 하는 공통된 목표를 가지고 있습니다. 중요한 것은 어느 한 관점만을 절대화하지 않고, 상황에 따라 균형 잡힌 판단을 내리는 지혜를 기르는 일입니다.

모든 사람들이 각자의 자리에서 현명한 리더가 되시기를 바랍니다. 완벽한 리더는 없지만, 끊임없이 고민하고 성찰하는 리더는 있을 수 있습니다. 그런 리더들이 많아질 때 우리 사회는 더욱 성숙한 민주주의로 발전할 수 있을 것이라 믿습니다.

'지혜의 광장'은 항상 청중께 질문을 드리면서 끝맺는데요. 그것은 여기 모신 토론자뿐 아니라 여러분이 바로 토론의 주인공이라고 생각하기 때문입니다. 오늘 우리가 한 토론을 여러분이 속한 현장에서 이어가시길 기대합니다. 자, 그럼 마지막 질문을 청중께 드려보겠습니다.

"당신이 선택하고 싶은 리더는 누구인가요?"

❶ 냉철하게 현실을 헤쳐가는 리더 – 마키아벨리형

❷ 원칙을 끝까지 지키는 리더 – 칸트형

❸ 백성의 신뢰를 얻는 리더 – 공자형

만약 우리가 믿어온 상식이 거짓으로 드러난다면 어떨까요? 자유인으로 태어났다고 생각했지만, 살아갈수록 점점 노예와 같은 삶을 살고 있다는 사실을 깨닫게 된다면 어떨까요? 공익을 위해 일해야 할 공무원과 정치인들이 국민의 삶을 보살피기는커녕 오로지 자신의 권력과 이익을 지키는 데만 힘을 쓴다면 어떨까요? 이런 현실을 고발하다가 자신의 삶이 오히려 더 외롭고 힘들어진다면, 여러분은 어떻게 하시겠습니까?

 자신의 삶을 통해 이런 문제들을 직접 겪고 해결책을 모색했던 루소를 만나보는 것이 도움이 될 것입니다.

루소
「사회계약론」

모두의 약속이 세상을 바꾼다

루소,
당신은 누구?

"인간은 자유롭게 태어났으나 어디서나 사슬에 묶여 있다."

루소(Jean-Jacques Rousseau, 1712~1778)의 『사회계약론』에 나오는 유명한 문장입니다. 이 책은 왕이 지배하던 군주제를 '자유·평등·박애'라는 구호 아래 시민이 주인이 되는 공화제로 바꾼 프랑스대혁명(1789~1799)의 이론적 토대가 되었고, 현대 민주주의의 근본원리를 제시했습니다.

스위스 제네바의 시계공 집안에서 태어난 루소의 인생은 비극으로 시작되었습니다. 출산 후 9일 만에 어머니가 세상을 떠났고, 그는 평생 어머니에 대한 그리움과 죄책감을 안고 살아야 했습니다.

제네바는 당시 독립적인 도시공화국으로 시민들이 직접 정치에 참여하는 전통을 가지고 있었습니다. 인구 2만 명 정도의 작은 도시였지만, 시민총회에서 모든 중요한 결정이 이루어졌습니다. 이런 환경에서 자란 루소는 어려서부터 자유와 평등에 대한 강한 의식을 갖게 되었습니다. 그는 제네바에 대한 자부심을 "나는 자유로운 도시의 시민으로 태어났다"며 표현했습니다.

하지만 제네바도 완전히 평등한 사회는 아니었습니다. 시민권을 가진 부르주아, 시민권이 없는 거주민, 외국인 사이에는 엄격한 신분 차이가 있었습니다. 루소의 가족은 부르주아 계층에 속했지만, 경제적으로는 넉넉하지 않았습니다. 이런 경험은 그가 사회적 불평등 문제에 관심을 갖게 되는 배경이 되었습니다.

루소의 어린 시절은 순탄하지 않았습니다. 10세 때 아버지가 프랑스 군인과 시비가 붙어 칼을 뽑은 사건으로 제네바에서 추방당했습니다. 사실상 고아가 된 루소는 목사에게 위탁되어 라틴어를 배웠고, 16세 무렵 제네바를 떠나 사보이(Savoy) 공국의 여러 지역을 8년 정도 떠돌며 교육을 받았습니다. 알프스산맥의 아름다운 자연에 둘러싸인 이곳을 루소는 지상낙원이라고 불렀습니다. 루소가 묵었던 알프스산맥의 사보이 지역은 사르데냐 왕국

1753년 루소 초상화.

의 중심이 되었고, 여기서 출발한 사보이 왕조는 19세기에는 혁명가 가리발디와 함께 이탈리아 통일을 이끌고, 이탈리아 초대 국왕을 배출했습니다.

이 시기에 루소는 철학·문학·음악·수학·라틴어 등을 독학으로 익혔습니다. 그는 특히 음악에 재능을 보여 작곡가와 음악 교사로 활동하기도 했습니다. 악보를 기록하는 새로운 방식을 고안하기도 했는데, 파리에서 명성을 얻는 계기가 되었습니다.

하지만 더 중요한 것은 자연과 고독을 사랑하는 성격을 기르게 되었다는 점입니다. 알프스산맥의 아름다운 자연을 산책하며 사색하는 습관은 평생 그의 철학적 사유의 원천이 되었습니다. 또한 볼테르, 몽테스키외, 로크 등의 책을 읽으며 계몽주의 사상을 접했습니다. 하지만 그는 처음부터 이들과는 다른 관점을 가지고 있었습니다. 그는 이성보다는 감정을, 문명보다는 자연을, 복잡함보다는 단순함을 선호했습니다.

30세의 루소는 더 큰 세상을 향한 야망을 품고 파리로 향합니다. 그는 자신이 고안한 새로운 음악 기보법을 과학 아카데미에 발표하려 했지만, 반응은 냉담했습니다. 한편 파리에 머물던 그는 디드로, 달랑베르, 콩디약 등 계몽주의 철학자들과 만나게 됩니다. 이들은 『백과전서』를 편찬하며 이성과 과학의 힘으로 인간 사회를 개혁하려 했습니다. 단순히 지식을 정리하는 것이 아니라 모든 인간이 자유롭고 합리적으로 살아갈 수 있는 세상을 만드는 데 도움이 되는 지식을 퍼뜨리는 것이 목적이었습니다. 왕과 교회 중심의 사회가 아닌 자유롭고 평등한 사회를, 소수 특권층만이 아닌 모든 사람이 배우고 생각할 수 있는 사회를 꿈꿨습니다. 그래서 당시의 백과사전은 단순한 지식 사전이 아니라 세상을 바꾸는 도구였습니다. 특히 디드로는 루소와 가까운 친구가 되었습니다. 그들은 함께 카페에서 토론하고, 산책하며 철학적 대화를 나누었습니다.

루소도 처음에는 이들과 함께 계몽주의 운동에 참여했습니다. 그는 『백과전서』에 음악 관련 항목들을 기고했고, 계몽주의자들의 살롱에 출입하며 명성을 쌓아갔습니다. 하지만 그는 점차 이들과 다른 길을 걷기 시작했습니다. 계몽주의자들이 이성과 과학, 문명의 진보가 인류의 행복으로 이어질 것이라 확신한 반면, 루소는 감정과 자연의 가치를 강조하며 의문을 제기했습니다. 그는 문명의 발달이 반드시 인간을 더 행복하게 만드는 것이 아니며, 오히려 인간의 순수한 본성을 훼손하고 불평등을 심화시킬 수 있다고 보았습니다.

　1749년 루소의 인생에 결정적인 전환점이 찾아왔습니다. '학문과 예술의 발달이 인간의 도덕성 향상에 기여했는가?'라는 주제의 논문 공모에 1등으로 당선된 겁니다. 그는 당시 계몽주의의 통념과 정반대로 생각했습니다. 문명의 발달이 인간을 타락시켰다고 결론지으면서 "우리의 영혼은 학문이 발달함에 따라 더욱 타락해왔다"고 주장했습니다.

　그는 고대 스파르타와 로마를 이상적인 사회로 제시했습니다. 스파르타인들은 학문을 멀리했지만 용감하고 덕스러웠고, 초기 로마인들은 단순했지만 위대했습니다. 반면 아테네인들은 학문과 예술이 발달했지만 사치와 타락에 빠졌다는 것입니다.

　그는 하루아침에 유럽 지성계의 스타가 되었습니다. 하지만 동시에 계몽주의자들로부터 '반계몽주의자'라는 비난을 받기 시작했습니다.

　1755년 루소는 두 번째 논문 「인간 불평등 기원론」을 발표하며 자신의 사상을 더욱 체계화했습니다.

　'자연 상태의 인간은 자유롭고 평등했으며, 단순한 욕구를 충족하며 평화롭게 살아갔다. 그러나 어느 순간 누군가 이것은 내 땅이라고 주장하며 사유재산이 생겨났고, 이때부터 불평등의 씨앗이 뿌려졌다. 농업과 기술의 발달은 부의 차이를 더욱 벌려 부유한 자와 가난한 자의 대립을 낳았고, 이를 유지하기 위해 만들어진 법과 국가는 사실상 가진 자의 이익을 지키는 장치가 되었다. 문명은 물질적 풍요를 가져왔지만, 인간은 남과 비교하며 질투와 허영심에 시달리게 되었고, 진정한 자유와 행복에서 멀어지게 되었다.'

이렇게 그는 불평등이 자연의 법칙이 아니라 인간이 만든 제도와 사회적 관계에서 비롯되었다고 강조하며, 사회제도와 가치관을 근본적으로 돌아볼 필요가 있다고 주장했습니다.

이러한 루소의 급진적 사상은 점차 그를 고립시켰습니다. 계몽주의 철학자들은 그를 배신자로 여겼고, 기존 체제의 수호자들

프랑스 샤흐메트의 루소가 머물렀던 집.

은 그를 위험한 혁명가로 봤습니다. 설상가상으로 편집증적 성격 때문에 친구들과도 자주 다퉜습니다.

그는 점점 파리의 지식인 엘리트들과 거리를 두면서 사치스러운 생활을 버리고 소박하게 살려고 노력했습니다. 시계를 팔아버리고, 화려한 옷을 입지 않았으며, 귀족들의 후원도 거절했습니다. 그는 악보 필사로 생계를 유지하며 독립적인 삶을 추구했습니다.

1762년 루소의 정치 이론을 담은 『사회계약론』은 출간되자마자 큰 논란을 일으켰습니다. '주권은 국민에게 있고, 왕이 아니라 국민이 주인이다'라는 급진적인 정치사상 때문입니다. 파리 의회는 금서로 지정하고 불태웠습니다. 그는 체포 위험을 피해 스위스 제네바로 도망쳤지만, 그곳에서도 시민권을 박탈당하고 쫓겨나듯 떠나야 했습니다. 1766년 그는 흄(David Hume, 1711~1776)의 초청으로 영국으로 갔습니다. 흄은 모든 지식은 감각 경험에서 온다고 주장하며, 눈에 보이지 않고, 경험할 수 없는 것은 확실한 게 아니라고 본 영국 경험론의 대표 철학자입니다.

흄은 루소를 동정하며 그에게 안전한 피난처를 제공하려 했습니다. 영국 정부도 그에게 연금을 지급하겠다고 제안했고, 모든 것이 순조로워 보였습니다. 하지만 그는 피해망상에 시달리며

흄이 자신을 모함하고 있다고 믿었습니다. 결국 흄과도 멀어지게 된 그는 영국을 떠나 다시 프랑스로 돌아와서 시골 마을에서 가명을 쓰고 숨어 살면서 『고백록』, 『고독한 산책자의 몽상』 등을 쓰며 자신의 삶을 성찰했습니다. 1778년 66세의 그는 파리 근교에서 세상을 떠났습니다. 아침 산책을 마치고 돌아와 갑작스럽게 쓰러졌는데 사인은 뇌졸중으로 추정되었습니다. 『고독한 산책자의 몽상』에 나오는 "나는 이제 이 지상에서 혼자다. 나에게는 더 이상 형제도, 이웃도, 친구도 없고, 나 자신 외에는 함께할 사회도 없다"라는 문장이 그의 유언처럼 전해집니다.

『사회계약론』 핵심 쏙쏙!

루소의 『사회계약론』은 불평등한 현실에 맞서 진정한 자유와 평등을 추구하는 근대 민주주의의 이론적 토대를 제시한 책입니다. 인민주권의 원리를 확립하고 직접민주주의의 이상을 제시하며, 개인의 자유와 공동체의 선이 조화를 이루는 정치 공동체의 모습을 보여줍니다.

인간은 자유롭게 태어났으나 어디서나 사슬에 묶여 있다

『사회계약론』은 "인간은 자유롭게 태어났으나 어디서나 사슬에 묶여 있다"는 충격적인 선언으로 시작합니다. 사슬이란 사회 제도와 권력이 개인의 자유를 구속하는 모든 구조를 말합니다.

자연상태의 인간은 자유롭고 평등하게 살았지만, 문명의 발

전과 사유재산의 등장으로 불평등과
종속이 심화되었다고 합니다. 그러나
그는 단순히 불평등을 비판하는 데서
멈추지 않고, 어떻게 하면 인간이 다
시 자유롭고 평등하게 살 수 있는가
라는 해답을 찾고자 했습니다. 그가
제시한 핵심 원칙은 '모든 정당한 정
치권력은 인민으로부터 나온다'는 것
입니다. 왕의 권력은 신으로부터 직접
받은 것이므로, 백성은 복종만 해야

1762년 『사회계약론』 프랑스어판 초판.

한다는 왕권신수설(王權神授說)이나 전쟁에서 승리한 정복자가
패배한 자를 지배할 수 있다는 정복권 같은 전통적 권위는 정당
한 정치권력의 근거가 될 수 없다고 보았습니다.

사회계약을 통해 진정한 자유를 되찾아라

루소의 모든 주장은 '어떻게 하면 자유를 잃지 않고 정치사회
를 만들 수 있는가?'라는 근본적 질문에서 출발합니다. 그는 자
연상태를 인간이 본능에 따라 살아가며 최소한의 갈등 속에서
자족하던 상태로 보았습니다. 문명사회의 불평등과 억압에 비해
자연상태가 더 순수하고 평등에 가까웠다고 판단했습니다. 따라

서 정치사회로의 이행은 불가피한 선택이지만, 자연상태의 자유를 최대한 보존해야 한다고 주장합니다.

여기에 대한 해답이 바로 사회계약입니다.

'각자는 자신을 모든 사람에게 양도하되, 아무에게도 양도하지 않는다.'

모든 사람이 동등하게 자신의 자연적 자유를 공동체에 양도하면, 결과적으로 아무도 다른 사람을 지배하지 않게 됩니다. 대신 모든 사람이 공동체의 주인이 되어 진정한 자유를 되찾는다는 거지요.

자유는 자신이 동의한 법에 스스로 복종하는 상태입니다. 즉, 일반의지(一般意志)에 따라 공동체의 일원으로 살아가는 것이 진정한 자유입니다. 이것이 사회계약의 핵심입니다.

일반의지는 항상 옳고 공공선을 지향한다

루소는 사회계약론을 바탕으로 일반의지를 제시합니다. 일반의지는 단순한 다수의 의견이 아닙니다. 그것은 공동체 전체의 공통 이익을 추구하는 집단적 의지입니다.

그는 일반의지와 전체의지(全體意志)를 구별합니다. 전체의지는 개별 의지들의 단순한 합계에 불과하지만, 일반의지는 공통 이익만을 고려한 순수한 의지입니다. "일반의지는 항상 옳고 항상 공공의 이익을 지향한다"는 주장은 공동체의 집단적 이성과 도덕적 통찰에 큰 신뢰를 두고 있음을 보여줍니다. 하지만 그는 단순한 다수결이나 현실 정치의 다원주의적 요소에는 회의적이었습니다. 일반의지가 제대로 형성되려면 시민들이 충분한 정보를 가지고 독립적으로 판단해야 하며, 부분적 이익집단이 없어야 한다고 했습니다.

주권은 양도할 수 없고 분할할 수 없다

루소는 "주권은 결코 대표될 수도, 양도될 수도 없다. 왜냐하면 그것은 본질적으로 일반의지에 속하기 때문이다. 일반의지는 결코 대리될 수 없다"고 단언합니다. 이는 당시 유럽의 절대왕정과 영국의 대의제를 모두 정면으로 부정하는 급진적 주장이었습니다. 왕이 주권을 가질 수도 없고, 의회가 인민을 대표할 수도 없다는 것입니다. 주권은 오직 인민 전체에게만 속하며, 그 어떤 기관이나 개인도 주권의 일부를 가질 수 없습니다. "영국 인민은 자신들이 자유롭다고 생각하지만, 크게 잘못 알고 있다. 그들은 오직 국회의원을 선출할 때만 자유로울 뿐이다. 일단 선출이 끝나면, 인민은 노예가 되며 아무것도 아니다"라는 그의 신랄한 비판은 대의민주주의의 한계를 예리하게 지적합니다.

그는 주권을 입법권과 행정권으로 나누는 것은 주권을 파괴하는 것이라며 주권의 불가분성을 강조합니다. 자유는 권력을 나눌 때 지켜지기 때문에 입법권, 사법권. 행정권을 분리해서 서로 견제하게 해야 한다는 몽테스키외(Montesquieu, 1689~1755)의 삼권분립론과는 분명하게 구별됩니다.

소규모 공동체에서 직접민주주의를 실현하라

루소는 직접민주주의만이 진정한 민주주의라고 주장합니다. 직접민주주의는 모든 시민이 직접 참여하여 법을 만들고 정책을 결정해야 합니다. 대표자는 주권자인 인민의 의지를 전달하는 전령에 불과할 뿐, 독자적인 판단권을 가져서는 안 됩니다.

그는 현실주의자여서 직접민주주의가 가능한 조건을 구체적으로 제시합니다. 첫째, 국가가 작아야 합니다. 모든 시민이 서로 알 수 있을 정도로 작은 공동체여야 합니다. 둘째, 풍속이 단순해야 합니다. 복잡한 이해관계가 얽혀있으면 일반의지 형성이 어렵습니다. 셋째, 평등해야 합니다. 극심한 불평등은 공통 이익을 해칩니다.

법은 일반의지의 표현이므로 절대적이다

법은 일반의지의 표현이라고 정의합니다. 따라서 진정한 법 앞에서는 그 누구도 예외가 될 수 없습니다. 왕이든 귀족이든 모든 사람이 법에 복종해야 합니다. 이는 오늘날 법치주의의 근본 원리와 맞닿아 있습니다.

루소는 "자유롭기를 원하지 않는 자는 자유롭게 되도록 강제되어야 한다"는 주장도 합니다. 이 말은 자칫 전체주의적 논리로 오해받기도 하지만, 그가 말한 '강제'란 국가 권력이 개인을 억압하는 폭력적 강제가 아닙니다. 공동체의 일반의지에 따라 모든 시민이 법의 평등한 적용을 받도록 보장한다는 의미입니다. 다시 말해 누군가 공동체의 합의에서 벗어나 자기 이익만을 고집하면 사회 전체의 자유와 평등이 깨질 수 있으니까 법을 통해 조정하고 바로잡아야 한다는 것입니다. 진정한 자유란 단순히 하고 싶은 대로 행동하는 것이 아니라, 자신이 속한 공동체의 도덕적 법칙에 스스로 동의하며 따르는 상태라는 겁니다.

정부는 주권자와 신민 사이의 중간기구일 뿐이다

루소는 주권과 정부를 엄격히 구분했습니다. 주권은 언제나 인민 전체(일반의지)에 속하며 결코 양도되거나 분할될 수 없습니다. 그러나 모든 인민이 매일 직접 정치에 참여할 수는 없기 때문에 일상적 집행과 행정은 정부라는 기구가 담당합니다. 정부는 어디까지나 주권자의 뜻을 집행하는 도구일 뿐 결코 독자적인 주권을 가질 수 없습니다.

그는 정부를 민주정부, 귀족정부, 군주정부의 세 가지 형태로 구분했지만, 중요한 것은 형태가 아니라, 정부가 일반의지를 충실히 따르느냐는 것이었습니다.

시민종교를 통해 공동체 의식을 기르라

루소는 내세와 개인 구원에만 집착하는 복음적 기독교는 시민적 덕목을 기르는 데 도움이 되지 않는다고 비판했습니다. 대신 고대 도시국가들처럼 공동체 결속을 뒷받침하는 시민종교의 필요성을 제기했습니다.

시민종교의 교리는 간단합니다. 신의 존재, 영혼의 불멸, 선행에 대한 보상과 악행에 대한 처벌, 사회계약과 법에 대한 존중입니다. 이는 특정 종교가 아니라 모든 시민이 공유할 수 있는 최소한의 신념으로, 공동체 유지에 필요한 도덕적 토대입니다.

루소는 또한 '국가는 종교적 관용을 보장해야 하지만, 비관용을 설교하며 다른 교파를 배척하는 종교는 받아들일 수 없다'고 했습니다. 이는 종교적 다원성을 인정하면서도 시민사회의 기본 원리를 위협하는 교리를 배제하려는 입장이며, 오늘날 다문화주의 논쟁과도 연결되는 문제의식입니다

교육을 통해 자연인을 시민으로 만들어라

루소는 『에밀』에서 자연교육을 주장했지만, 『사회계약론』에서는 시민교육의 중요성을 강조했습니다. 자연상태의 자유로운 인간을 정치사회의 시민으로 만드는 것은 교육의 힘입니다. 시민은 개인적 이익보다 공공선을 우선시하도록 교육받아야 하며, 이것이야말로 공동체를 지탱하는 덕목입니다.

그는 고대 스파르타의 교육을 예로 들며, 그들이 어려서부터 조국을 위해 헌신하는 정신을 배웠기 때문에 강력한 공동체를 만들 수 있었다고 평가했습니다.

또한 시민교육은 '나'를 넘어 '우리'라는 더 큰 공동체 속에서 자기를 발견하게 만드는 사회적 장치라고 보았습니다.

자유로운 계약을 통해 진정한 시민이 되라

쉬는시간 끝!
다음 교시
준비!
인간은 본디 자유롭지만,
어디서든 사슬에 묶여 있지.
너도 자유로운 인간이지만
결국 학급 시간표를
지켜야 하듯이 말이야.
학급 시간표
1 수학
2 체육
3 국어
4 영어

그런데 루소 네 말대로
반 친구들끼리 계약을 맺으면
더 사슬에 묶이는 것 아닐까?
NO!

우리는 주권자야!
이 반의 규칙은
선생님들이나 학급 임원들이
일방적으로 만드는 게 아니라,
모두 함께 만들어가는 것!

통제하는 규칙을
우리가 직접 계약해 만들면
그건 사슬이 아니지.
규칙 아래 자유로운 게
진정한 시민이라구!
시민

와~ 그렇다면
아예 청소시간을 없애는 걸
규칙으로 하는 거 어때?
너무 귀찮았다구!
으, 졸려
난 관심 없으니까
반장이 알아서 해….

어허,
너처럼 개인의 특수 이익만 합한
전체의지를 좇으면 안 돼!
공익을 지향하는 일반의지에 따라야
진정한 자유가 실현된다구!

너도 마찬가지!
참여 없는 권리는
환상 같은 거야.
노력 없이 권리만 누리는 건
명백한 계약 위반이라고!

반장에게 권한을
일부 위임하더라도,
정의로운 시민이라면
감시와 참여를
게을리 해선 안 돼!
그래!
내가 독단적으로
청소시간을 5시간으로
정하면 어떡해?
반장

자 그럼 이제
서로를 위한 규칙들을
계약해 보자!
급우들끼리 서로 도와야
학급 생활이 자유로워지는 법
아니겠어?
학급 회의
주제:
청소시간 규칙

청소 시간에
놀지 않기로 했더니
청소가 빨리 끝나잖아?
덕분에 방과 후
더 놀 수 있어!
청소 역할 분담을 하니까
반이 더 쾌적해졌어!
이제 쉬는 시간에
기분 좋게 잘 수 있겠다!

진짜 민주주의는
어디에서 시작되는가?

토론자

루소 Jean-Jacques Rousseau 1712~1778
토크빌 Alexis de Tocqueville 1805~1859
김구 金九 1876~1949

　민주시민의 역량을 키울 수 있는 빛나는 책의 저자를 모시고 인류 역사의 뛰어난 지성들과 함께 지혜를 나누는 '지혜의 광장'에 오신 것을 환영합니다. 저는 사회자 아고라입니다. 오늘 우리는 근대 민주주의의 아버지라 불리는 루소의 『사회계약론』을 중심으로, '진정한 민주주의는 무엇이며, 그것이 과연 실현 가능한가?'라는 질문에 대해 이야기 나누고자 합니다.

　먼저 토론자 두 분을 간단히 소개드리겠습니다.

　김구 선생님은 일제강점기 독립운동가이자 대한민국 임시정부 주석으로 조국의 광복과 통일된 민주국가 건설을 위해 평생을 바쳤습니다. 『백범일지』를 통해 자신의 정치철학과 민족관을 피력했습니다.

토크빌 선생님은 프랑스의 정치사상가로, 명저『미국의 민주주의』를 통해 민주주의의 장점과 위험성을 예리하게 분석하며 현대 민주주의 이론의 초석을 놓았습니다.

1. 진정한 자유란?

아고라: 최근 전 세계적으로 민주주의에 대한 회의가 커지고 있습니다. 대의민주주의는 시민들의 의사를 제대로 반영하지 못한다는 비판을 받고 있고, 포퓰리즘의 확산으로 민주주의 자체가 위기에 처했다는 우려도 나오고 있습니다. 특히 우리나라는 최근 몇 년간 급격한 정치적 변화를 경험했습니다. 시민들의 직접 행동이 정치를 바꾸는 모습을 목격했고, 동시에 사회적 갈등과 분열도 심화되었습니다.

루소의『사회계약론』은 "인간은 자유롭게 태어났으나 어디서나 사슬에 묶여 있다"는 유명한 문장으로 시작됩니다. 이는 기존 사회의 불평등과 억압을 고발하는 동시에, 새로운 형태의 자유로운 사회를 꿈꾸는 선언이기도 합니다. 여기서 첫 질문을 시작하겠습니다.

진정한 자유란 무엇이며, 그것을 사회 속에서 어떻게 실현할 수 있을까요?

먼저 루소 선생님의 이야기를 들어보겠습니다.

루소: 이 질문이야말로 제가 평생 고민한 핵심 문제입니다. 자연상태에서 인간은 진정으로 자유로웠습니다. 하지만 사회가 형성되면서 강자가 약자를 지배하는 불평등한 구조가 만들어졌습니다. 그렇다고 해서 자연상태로 돌아갈 수는 없습니다.

진정한 자유는 자신이 만든 법에 복종하는 것입니다. 사회계약을 통해 모든 시민이 공동으로 법을 만들고, 그 법에 복종할 때 비로소 진정한 자유가 실현됩니다. 이것이 바로 일반의지의 핵심입니다. 개인의 이익이 아니라 공동체의 이익을 추구하는 의지에 따라 행동할 때, 우리는 진정으로 자유로워집니다.

김구: 루소 선생님의 말씀에 깊이 공감합니다. 저는 일제강점기라는 극한 상황에서 자유의 의미를 뼈저리게 깨달았습니다. 개인의 자유도 중요하지만, 민족의 자유가 없으면 개인의 자유도 의미가 없습니다. 진정한 자유는 외세의 지배에서 벗어나는 것에서 시작됩니다. 하지만 단순히 독립만으로는 충분하지 않습니다. 모든 국민이 주인이 되는 민주국가를 건설해야 합니다.

저는 "우리나라가 세계에서 가장 아름다운 나라가 되기를 원한다"고 말했습니다. 아름다운 나라는 힘이 센 나라가 아니라, 문화가 높고 인격이 훌륭한 사람들이 사는 나라입니다. 자유는 책임을 동반합니다. 개인의 자유만 추구하면 이기주의가 되고, 공동체의 자유만 강조하면 전체주의가 됩니다. 개인과 민족, 개인과 국가가 조화를 이루는 것이 진정한 자유입니다.

토크빌: 두 분의 이상주의적 관점은 아름답지만, 현실은 더 복잡합니다. 저는 19세기 중반 신흥국 미국에서 민주주의가 실제로 작동하는 모습을 관찰했는데, 자유에는 빛과 그림자가 공존합니다. 민주주의는 정치적 자유를 확대하지만, 동시에 '다수의 전제'라는 새로운 위험을 만들어냅니다. 다수가 소수를 억압할 수 있고, 여론의 압력이 개인의 독창성을 질식시킬 수 있습니다.

또한 평등에 대한 열망이 지나치면 자유를 희생할 위험도 있습니다. 진정한 자유를 지키려면 제도적 장치가 필요합니다. 권력분립, 지방자치, 시민사회의 활성화 등을 통해 권력을 분산시켜야 합니다. 개인의 권리를 보장하는 헌법과 법치주의도 확립되어야 합니다.

아고라: 말씀 감사합니다. 흥미로운 관점들이군요. 법에 의한 자유, 민족적 자유와 개인적 자유의 조화, 제도적 보장을 통한 자유. 모두가 자유를 이야기하지만, 다른 부분을 강조하고 있습니다. 그럼 좀 더 구체적인 문제로 들어가 보겠습니다.

2. 직접민주주의 vs 대의민주주의

아고라: 루소 선생님은 주권은 양도할 수 없다며 직접민주주의를 옹호하셨습니다. 하지만 현대의 거대한 국가에서는 모든 시민이 정치에 직접 참여하기 어렵습니다. 대의민주주의의 한계를 인정하면서도, 현실적 대안을 어떻게 찾을 수 있을까요?

루소: 이는 정말 어려운 문제입니다. 저는 주권이 대표될 수 없다고 주장했습니다. 대표자는 주권자의 의지를 전달하는 자일 뿐, 주권 자체를 행사할 수는 없습니다. 그래서 선거 때만 자유롭고, 선거가 끝나면 다시 노예가 되는 영국인들을 비판한 바 있습니다.

하지만 현실적으로 거대한 국가에서 모든 시민이 직접 참여하기는 어렵다는 것을 인정합니다. 그렇다면 최대한 직접민주주의에 가까운 형태를 만들어야 합니다. 중요한 것은 시민들이 법을 만드는 과정에 직접 참여하는 것입니다. 대표자들이 법안을 준비할 수는 있지만, 최종 결정은 시민들이 직접 해야 합니다. 또한 지역 단위에서는 가능한 한 직접민주주의를 실현하고, 이를 연방제로 연결하는 방법도 고려할 수 있습니다.

아고라: 철저히 억압된 일제 치하에서 독립을 위해 투쟁했던 김구 선생님에게 민족의 자유는 정말로 각별했을 텐데요.

김구: 맞습니다. 저는 일제강점기에 임시정부를 이끌면서 민주주의의 현실적 어려움을 경험했습니다. 이상적으로는 모든 동포가 참여하는 것이 좋겠지만, 현실적으로는 불가능했습니다. 하지만 중요한 것은 형식이 아니라 정신입니다. 대표자들이 진정으로 민족의 뜻을 받들어 행동한다면, 그것도 민주주의라고 할 수 있습니다. 저는 "민주주의는 민족의 의사에 따라 민족의 이익을 도모하는 정치"라고 생각합니다.

특히 우리나라처럼 오랫동안 외침을 받은 나라에서는 민족적 단결이 무엇보다 중요합니다. 개인이나 당파의 이익보다는 민족 전체의 이익을 우선해야 합니다. 이런 정신이 있다면 직접민주주의든 대의민주주의든 상관없습니다.

또한 교육이 중요합니다. 모든 국민이 민주시민으로서의 자질을 갖추어야 진정한 민주주의가 가능합니다. 무지한 국민의 직접 참여는 오히려 혼란만 가져올 수 있습니다.

아고라: 토크빌 선생님께서는 프랑스 출신으로 미국의 민주주의에 관심이 많았는데요. 어떤 점이 눈에 가던가요?

토크빌: 저는 신흥국가였던 미국에서 흥미로운 현상을 관찰했습니다. 연방 차원에서는 대의민주주의가 작동하지만, 지방 차원에서는 직접민주주의적 요소가 많이 남아있었습니다. 뉴잉글랜드의 마을 자치체에서 시민들이 직접 모여 지역 문제를 논의하고 결정하는 모습은 매우 인상적이었습니다.

이는 좋은 해결책이라고 생각합니다. 모든 것을 중앙에서 결정하려 하지 말고, 가능한 한 지방으로 권한을 분산시키는 것입니다. 지방자치가 활성화되면 시민들의 정치 참여도 늘어나고, 민주주의 교육 효과도 얻을 수 있습니다.

시민사회의 역할도 중요합니다. 다양한 시민단체들이 시민들의 의견을 모으고 정부에 전달하는 역할을 할 수 있습니다. 이는 직접민주주의와 대의민주주의의 장점을 결합하는 방법입니다.

3. 일반의지와 여론

아고라: 그렇다면 직접민주주의든 간접민주주의든 시민의 의견을 수렴하는 것이 무엇보다 중요할 텐데요. 그런 점에서 루소 선생님의 핵심 개념인 일반의지는 매우 매력적으로 느껴집니다. 일반의지와 여론은 어떻게 다르며, 일반의지를 어떻게 파악할 수 있을까요?

루소: 일반의지는 제가 가장 중요하게 생각하는 개념입니다. 일반의지는 공동체 전체의 공통 이익을 추구하는 의지로, 개별 시민들의 사적 이익을 추구하는 특수의지와는 다릅니다. 또한 단순히 개별 의지들을 합한 전체의지와도 구별됩니다.

여론은 종종 감정에 휩쓸리거나 특정 집단의 이익에 좌우됩니다. 하지만 일반의지는 이성적 숙고를 통해 공동선을 추구합니다. 따라서 일반의지를 올바르게 파악하는 것이 중요합니다. 이를 위해서는 몇 가지 조건이 필요합니다. 첫째, 시민들이 충분한 정보를 가져야 합니다. 둘째, 독립적으로 판단해야 합니다. 셋째, 특정 이익집단들이 일반의지를 왜곡하지 않도록 해야 합니다. 만약 특정 이익집단들이 존재한다면, 그 수가 많고 다양할수록 바람직합니다. 그래야 한쪽이 전체의 의견을 휘두르지 못하니까요.

김구: 루소 선생님의 일반의지라는 개념은 이성적 숙고를 통한 공동선의 추구라는 점에서 매우 중요하다고 생각합니다. 저는 이를 '민족의지'라고 부르고 싶습니다. 개인의 이익을 초월하여 민족 전체의 이익을 추구하는 의지 말입니다. 일제강점기에 저는 많은 동포들이 개인의 안위만 생각하며 일제에 협력하는 안타까운 모습을 보았습니다. 하지만 진정한 애국자들은 개인의 희생을 감수하면서도 민족 해방을 위해 싸웠습니다. 이것이 바로 민족의지의 실현이라고 생각합니다.

아고라: 루소 선생님의 일반의지를 민족의지로 해석하는 김구 선생님의 입장이 재미나네요. 시대적으로 다른 개념이 만들어지는 것 같습니다.

토크빌: 일반의지라는 개념은 이론적으로는 아름답지만, 현실에서는 매우 위험할 수 있습니다. 누가 일반의지를 정의할 것인가요? 그리고 그것이 틀렸을 때는 어떻게 할 것인가요? 루소 선생님은 일반의지와 여론을 분명하게 구분하셨지만 현실에서는 구분이 쉽지 않습니다.

저는 미국에서 여론의 힘을 직접 목격했습니다. 여론은 때로 현명하지만 때로는 편견과 감정에 휩쓸리기도 합니다. 더 위험한 것은 여론이 절대적 권위를 갖게 될 때입니다. 이는 다수의 의견이나 이익이 절대화되어, 소수의 권리와 자유를 억압하는 '다수의 전제(Tyranny of the Majority)'로 이어질 수 있습니다. 따라서 여론이나 일반의지보다 중요한 것은 개인의 권리를 보장하는 제도적 장치입니다. 헌법과 법치주의를 통해 다수라도 침해할 수 없는 기본권을 확립해야 합니다.

또한 하나의 의지로 합치려는 일반의지보다는 다양한 의지들이 공존해야 합니다. 사회는 다양한 이익과 가치가 공존하며, 이들 사이의 경쟁과 타협을 통해 균형이 이루어집니다. 하나의 일반의지를 강요하기보다는 이런 다양성을 인정하고 보장하는 것이 더 현실적입니다.

4. 현대 기술과 민주주의

아고라: 화제를 바꿔보겠습니다. 요즘은 학교보다는 스마트폰에서 더 많은 것을 배우는 것 같습니다. 우리는 디지털 혁명의 시대에 살고 있으니까요. 인터넷과 소셜미디어가 교육과 정치 참여의 새로운 가능성을 열어주고 있지만, 동시에 가짜뉴스나 여론 조작 같은 새로운 문제들도 만들어내고 있습니다. 이런 변화가 교육과 민주주의에 어떤 영향을 미칠까요?

토크빌: 이번에는 제가 먼저 발언할까요? 인터넷과 소셜미디어 같은 디지털 기술은 민주주의에 양면적 영향을 미칩니다. 긍정적 측면에서는 정보 접근성이 크게 향상되었고, 시민들이 정치인들과 직접 소통할 수 있게 되었습니다. 또한 새로운 형태의 정치 참여가 가능해졌습니다.

하지만 부정적 측면도 만만치 않습니다. 알고리즘 기반의 뉴스 피드(News Feed), 검색, SNS 환경은 인터넷 사용자에게 자신이 보고 싶어 하는 정보만 반복적으로 노출합니다. 이로 인해 다른 관점이나 정보는 차단되어 편향성을 강화하는 '필터 버블(Filter Bubble)', 같은 생각을 가진 사람끼리만 모여 의견을 반복하는 '에코 챔버(Echo Chamber)' 현상이 문제가 되고 있습니다.

알고리즘에 의한 정보 선별은 시민들의 판단을 왜곡시킬 수 있고, 자신과 비슷한 생각을 가진 사람들끼리만 모이게 되면서 사회적 분열이 심화될 수 있지요. 이러한 현상을 부추기는 플랫폼 기업들이 막대한 영향력을 갖게 되면서, 새로운 형태의 권력 집중이 일어날 수도 있습니다. 민주주의에 큰 위험이 되는 현상이지요.

이 문제에 대한 해결책은 디지털 리터러시(Digital Literacy) 교육과 플랫폼 규제입니다. 시민들이 온라인 정보를 비판적으로 평가할 수 있도록 교육해야 하고, 플랫폼 기업들이 사회적 책임을 갖도록 감시를 강화하고, 잘못된 정보를 확산할 경우 이를 규제해야 합니다.

루소: 기술 자체는 중립적입니다. 중요한 것은 그것을 어떻게 사용하느냐입니다. 만약 디지털 기술이 많은 시민들의 직접 참여를 가능하게 한다면 환영할 일입니다. 제가 꿈꾼 직접민주주의가 기술을 통해 실현될 수 있을지도 모릅니다.

하지만 우려되는 점도 있습니다. 온라인에서는 익명성 때문에 무책임한 발언이 늘어날 수 있고, 감정적이고 즉흥적인 반응이 이성적 숙고를 대체할 위험이 있습니다. 일반의지를 형성하려면 충분한 정보와 신중한 판단이 필요한데, 디지털 환경이 이를 방해할 수 있습니다.

디지털 격차 문제도 심각합니다. 기술에 익숙한 사람들만 정치에 참여하고, 그렇지 않은 사람들은 배제되는 새로운 형태의 불평등이 생길 수 있습니다.

김구: 일제강점기에 우리는 라디오와 신문을 통해 민족의식을 고취시키려 노력했습니다. 하지만 일제는 같은 매체를 통해 우리를 세뇌시키려고 했습니다. 이런 점을 생각해볼 때, 기술의 발달은 분명히 기회이지만, 동시에 위험이기도 합니다. 디지털 기술도 마

찬가지 아닐까요? 올바르게 사용하면 민주주의를 발전시킬 수 있지만, 잘못 사용하면 민주주의를 파괴할 수도 있습니다. 특히 외세가 우리의 여론을 조작하려 할 때 더욱 위험합니다. 중요한 것은 정신적 무장입니다. 아무리 기술이 발달해도 올바른 가치관과 판단력을 가진 사람은 속지 않습니다. 기술 교육과 함께 정신 교육도 강화해야 합니다.

우리만의 정보 생태계를 구축하는 것도 중요합니다. 외국의 플랫폼에만 의존하지 말고, 우리의 가치와 문화를 반영하는 디지털 공간을 만들어야 합니다. 대한민국이 정치적으로 독립을 쟁취했듯이, 이제는 기술적으로도 독립을 이뤄야 하지 않을까요?

아고라: 루소 선생님 말씀처럼 디지털 기술이 직접민주주의의 도구가 될 수 있지만, 현대 철학자 슬라보예 지젝(Slavoj Žižek)은 소셜미디어가 인간의 충동을 강화하고, 오히려 이성을 마비시킨다고 우려합니다. 디지털 기술의 양면적인 모습을 잘 살펴봐야 할 것 같습니다.

시간이 많이 흘렀군요. 마지막으로 오늘의 주인공인 루소 선생님께 정리 발언의 기회를 드리고자 합니다. 같이 토론하신 분들의 의견도 들어보셨을 텐데요. 토론이 끝나는 시점에서 선생님의 생각은 어떠신지 듣고 싶습니다.

루소: 오늘 토론은 저에게도 아주 유익한 시간이었습니다. 김구 선생님께서 강조하신 민족의식과 도덕성, 토크빌 선생님께서 제시하신 제도적 보완책들은 모두 제 사상을 현실에 적용하는 데 필요한 요소들입니다.

민주주의는 완성된 제도가 아닙니다. 끊임없이 발전해가는 과정에 있죠. 250여 년 전 제가 꿈꾼 직접민주주의가 당시에는 불가능해 보였지만, 오늘날 디지털 기술을 통해 새로운 가능성이 열리고 있지 않습니까? 중요한 것은 형식이 아니라 정신입니다. 시민들이 진정으로 주권자라는 의식을 갖고, 공동선을 추구하려는 의지를 가진다면, 어떤 제도든 민주적으로 만들 수 있습니다.

제가 말씀드린 일반의지는 추상적 개념이 아닙니다. 그것은 우리 모두가 함께 추구해야 할 구체적 목표입니다. 기후변화 대응, 불평등 해소, 평화 구축 등 인류 공통의 과제들을 해결하기 위해서는 개별 국가의 이익을 넘어선 전 지구적 일반의지가 필요합니다.

마지막으로, 자유에 대한 제 생각을 다시 한번 강조하고 싶습니다. 진정한 자유는 방종이 아닙니다. 자신이 만든 법에 복종하는 것, 공동체의 일원으로서 책임을 지는 것, 이것이야말로 인간다운 자유입니다.

5. 민주주의의 영원한 과제

아고라: 오늘 토론을 통해 우리는 민주주의가 완성된 제도가 아니라 끊임없이 발전해가는 과정이라는 점을 확인했습니다. 루소 선생님이 꿈꾼 이상적 민주주의는 아직 완전히 실현되지 않았지만, 그 이상을 향한 노력은 계속되고 있습니다. 자유와 평등, 개인과 공동체, 이상과 현실 사이의 긴장은 앞으로도 계속될 것입니다. 하지만 바로 그 긴장 속에서 민주주의는 발전해왔고, 앞으로도 발전해갈 것입니다.

인간은 자유롭게 태어났습니다. 루소 선생님 말처럼 이 소중한 자유가 노예상태가 되도록 만들어서는 안 될 것입니다. 자유를 되찾고 지키는 것은 우리 모두의 책임입니다. 진정한 민주주의는 주어지는 것이 아니라 만들어가는 것입니다. 완벽한 민주주의는 없을지 모르지만, 더 나은 민주주의를 향해 노력하는 사람들이 있는 한 희망이 있다고 생각합니다.

정치와 관련된 다섯 번에 걸친 토론이 모두 끝났습니다. 청중 여러분은 어떻게 들으셨는지 궁금하네요. 이어지는 시즌 2에서는 경제를 주제로 다시 여러분과 만나뵙도록 하겠습니다.

오늘도 마지막 질문을 청중들께 드리면서 '지혜의 광장'을 마치 겠습니다.

❶ 내가 직접 만든 법에 스스로 따르는 시민으로서의 참여적 자유
 – 루소형

❷ 개인의 이익을 넘어 민족과 공동체를 위해 헌신하는 도덕적 자유
 – 김구형

❸ 국가의 간섭 없이 제도와 권리로 보장받는 개인적 자유 – 토크빌형

고전툰, 꼭 읽어보세요!

『고전툰』 시리즈는 정치와 경제의 거장들을 생생하게 되살려, 고전의 지혜를 오늘의 언어로 풀어내며 우리 곁의 이야기로 들려줍니다. 마키아벨리와 루소에서 한비자에 이르기까지, 애덤 스미스와 마르크스에서 박제가에 이르기까지, 격동의 시대 속에서 대가들이 형성한 사유의 여정을 쉽고 흥미롭게 보여줍니다. 그래서 읽는 내내 배움의 즐거움과 함께, 인간과 사회를 바라보는 다양한 시선을 마주하게 됩니다.

특히 '북토크'는 시대를 초월한 사상가들의 대화를 통해 "나는 이 시대를 어떻게 바라보아야 할까?"라는 근본적인 물음을 건넵니다. 이 책은 청소년들에게 인문학적 사고력과 비판적 성찰의 힘을 길러 주는 소중한 자료가 될 것입니다.

저자들의 오랜 연구와 교육적 열정이 깃든 이 시리즈가 고전을 통해 오늘의 삶을 성찰하고, 함께 살아가는 사회의 의미를 다시 생각하게 하는 따뜻한 인문 교양서로 오래도록 사랑받기를 바랍니다.

— **최성은**(대전성모여자고등학교 교사, 전국사회교사모임 대표)

AI 시대, 책은 더 이상 정보를 전달하는 도구에 머물러서는 안 됩니다. 이제 책은 '생각하는 힘'을 길러주는 훈련장이 되어야 합니다. 『고전툰』 은 고전을 소재로 '생각하는 힘'을 제대로 길러주는 새로운 책입니다. 고전이 쓰인 시대의 맥락과 저자의 문제의식을 짚어주며, 플라톤·루소· 마키아벨리·마르크스·소로 같은 사상가들의 시선으로 오늘의 정치·경 제·환경 문제를 깊게 따져봅니다. '북토크'는 『고전툰』의 백미, 인류의 지 성들이 시대를 초월해 토론하는 가상 북토크를 따라가면 AI가 대신할 수 없는 생각하는 힘이 저절로 생길 겁니다.

– 한기호(출판평론가, 「학교도서관저널」 발행인)

사회 변화의 속도가 너무 빠릅니다. 다양한 사건 사고가 늘 우리 삶 가까이서 벌어집니다. 사람들의 가치관과 사고방식도 다양해지고 있습니다. 지구의 위기를 이야기한 지 오래지만 어떻게 해결해야 할지 막연합니다. 불확실한 시대에 사람들을 저마다 어떻게 살아가야 할지 불안해하며 하루하루를 살아갑니다.

지난 20세기에는 두 번의 세계대전이 있었고, 이념으로 나뉜 진영이 치열하게 대립했습니다. 21세기를 맞으며 사람들을 전쟁은 역사 속으로 사라지고 평화의 시대가 도래할 거라 기대했습니다. 그 세기를 살아가고 있는 지금, 우리 삶은 어떠한가요? 인공지능 기술 같은 문명의 발달과는 별개로 여전히 우리는 삶과 사회의 풀리지 않는 문제를 지속해서 고민하며 살아갈 수밖에 없습니다.

인간의 본성에 대한 탐구와 사회를 어떻게 이끌 것인가에 대한 고민은 인류의 역사에서 지속됐습니다. 이 책에 소개되는 고전들은 치열하게 고민했던 사상가들의 흔적을 살펴볼 결정체입니다.

이 책은 다섯 명의 사상가의 삶과 사회에 대한 고민만을 다루고 있지 않습니다. 이 고전들을 연결고리 삼아 시대와 장소를 넘나들며 같은 주제로 다른 관점에서 고민했던 다양한 사상가들을 함께 만나볼 수 있습니다. 고전을 만나는 과정에서 삶과 사회에 대한 인식의 지평을 넓혀 여러분 자신만의 관점을 만들어갈 수 있기를 기대합니다.

『고전툰』 시리즈는 고전들을 연결고리 삼아 시대와 장소를 넘나들며 같은 주제로 다른 관점에서 고민했던 다양한 사상가들을 함께 만나볼 수 있습니다. 고전을 만나는 과정에서 삶과 사회에 대한 인식의 지평을 넓혀 여러분 자신만의 관점을 만들어갈 수 있기를 기대합니다.

– 김병연(공주교육대학교 윤리교육과 조교수)

고흥 녹동고등학교　정선렬

광주 각화중학교　김혜자

광주 대자중학교　도지안

구리 새음학교　김주은

대구서부고등학교　박영애

대전 만년고등학교　현지현

대전 매봉중학교　하승석

대전 성모여자고등학교　최성은

대전 장대중학교　한재은

부산 데레사여자고등학교　서형오

부산 만덕고등학교　하순배

부산 성모여자고등학교　이효철

부산 지산고등학교　백순구

부산중앙여자고등학교　박연환

부산진여자고등학교　이유나

수원 삼일고등학교　허진만

수원 숙지고등학교　김진희

수원 화홍고등학교　김현진

수원정보과학고등학교　정유진

서울 경인중학교 서재민

서울 대청중학교 김민주

서울 길음초등학교 배성호

울산 문수고등학교 최지혜

울산 연암중학교 임명희

울산 여자고등학교 이인호

울산 대송중학교 손혜민

이천 이현고등학교 정형진

용인 언동중학교 박찬정

전북대학교사범대학부속고등학교 임이랑

전주 기전여자고등학교 정재홍

제주서중학교 이지연

파주 교하중학교 김미란, 장영주

파주 금촌고등학교 박재열

평택 배다리중학교 박효천

포항 동지여자고등학교 여민정

횡성 현천고등학교 손진근

김천 감문중학교 정영분

고전툰 ❶ 정치

초판 1쇄 발행 2025년 11월 7일
초판 2쇄 발행 2025년 11월 10일

지은이 | 강일우·김경윤·송원석
발행인 | 이승현
편집 | 강세윤·이상원·임재청
만화 | 이강혁
디자인 | 이원우

펴낸곳 | 펜타클
주소 | 경기도 파주시 헤이리로 133번길 63, 4층(10858)
전자우편 | pentaclebooks@naver.com

인쇄·제본·후가공 | (주)프린탑
배본 | 문화유통북스

글 ⓒ 강일우·김경윤·송원석, 2025

ISBN 979-11-992390-9-8 (44080)
SET ISBN 979-11-992390-8-1 (44080)